项目管理超图解

快速提升团队行动力的 8个关键 ←

甘争光——著

人民邮电出版社

北 京

图书在版编目（CIP）数据

项目管理超图解：快速提升团队行动力的8个关键 /
甘争光著. -- 北京：人民邮电出版社，2024.4
ISBN 978-7-115-63393-4

Ⅰ．①项… Ⅱ．①甘… Ⅲ．①项目管理－图解 Ⅳ.
①F27-64

中国国家版本馆CIP数据核字(2023)第250014号

内 容 提 要

在项目管理实战中，以任务为行动力的载体，通过提高任务准时、高品质交付的概率，来快速提升团队行动力，从而助力项目的高价值交付，而这一切的秘诀在于本书所讲的3个元素与5个保障，它们分别是定义事件、明确人员、约定时间、价值牵引、双向保障、机制推送、规则推进、阶段复盘。本书源于作者12年项目管理工作经验的总结，围绕以上8个关键层层展开，依据58个高频问题场景，洞悉任务本质，辅以232幅多格漫画，讲解要点，既有趣，又翔实，帮助读者高效掌握提效核心，精准锁定提效载体，持续提升团队与个人行动力。

本书主要面向项目管理从业者，包括项目管理办公室（PMO）成员、项目经理（PM），以及其他想一探项目管理精髓的项目成员。任务的落地、行动力的提升对与任务关联的各方项目管理干系人都有极大的实战指导意义。

◆ 著　　　　甘争光
　　责任编辑　郭　媛
　　责任印制　王　郁　周昇亮
◆ 人民邮电出版社出版发行　　北京市丰台区成寿寺路 11 号
　　邮编　100164　电子邮件　315@ptpress.com.cn
　　网址　https://www.ptpress.com.cn
　　天津千鹤文化传播有限公司印刷
◆ 开本：700×1000　1/16
　　印张：17　　　　　　　　2024 年 4 月第 1 版
　　字数：204 千字　　　　　2024 年 4 月天津第 1 次印刷

定价：79.80 元

读者服务热线：(010)81055296　印装质量热线：(010)81055316
反盗版热线：(010)81055315
广告经营许可证：京东市监广登字 20170147 号

前　言

写作背景和写作过程

为什么我推送给项目成员的任务，项目成员就可以相对准时、高品质地完成？而其他人推送给项目成员的任务，就不能够准时、高品质地完成？我一直在思考这样的问题，我想有两个方面的原因：从客观上来说，任务本身可能存在问题；从主观上来说，任务执行者的行动力可能存在问题。我分析了很多的任务，有成功的，也有失败的，因此决定抽象出 Action35 模型，希望在模型的助力下，可以帮助更多的团队和个人解决上述问题，而书是一种很好的传播媒介，这就是我为什么要写这本书的原因。

下班后睡觉前的时间是属于自己的，也是我的主要创作时间，从有思路到开始写稿，再到申请模型，最终写好初稿，这个过程前后一共 3 年多。我记得 Action35 模型是在 2021 年 2 月完成的，同时我开始申请版权，在 2022 年 1 月拿到作品登记证书，修订完初稿是在 2022 年 12 月，然后开始投稿，参加选题论证，被退稿，再投稿，直到 2023 年 9 月才投稿成功，确定出版社并签订了出版合同，编辑老师对本书的指导思路非常清晰。基于其指导建议，我用时 2 个月便完成了全书的重构。回想起几百个夜晚的深思与写作，看看现在成型的作品，再想想这套模型、这 8 个关键可以帮助更多的团队和个人，我开心极了。

本书的学术价值及现实意义

本书呈现的内容具有理论创新性，书中提到的 8 个关键即定义事件、明确人员、约定时间、价值牵引、双向保障、机制推送、规则推进、阶段复盘，来自于我的 Action35 模型，作品登记号为渝作登字 -2022-A-0-00091273。因此，本书在模型创新性、内容独特性、思维前瞻性方面具有比较高的学术价值和实践价值。同时，本书内容源于我 12 年项目管理工作经验的总结，特别是近几年大厂项目管理工作的实践与感悟，内容升华自一线项目管理实战，相信对一线项目管理从业者也会有极大的帮助，这也是本书的现实意义。

本书特色

1. 内容创新且实用。本书的内容具有创新性，有独特的理论模型支撑，因此从理论层面来说具有前瞻性。当然，内容也非常实用，本书并没有从大而全、务虚且空洞的视角来讲项目管理和如何提升团队行动力，而是围绕项目中的一个个小任务展开，着眼于从业者都可能遇到的问题，因此给出的解决方案更有实战指导意义。

2. 结构清晰有逻辑。本书结构非常清晰，表达的逻辑也具有连贯性。本书每一节不仅实现了结构化，每一节中的小段落，也采用结构化的表达方式。读者通过节标题可以快速与自己遇到的问题进行匹配，然后可以通过节中小段落帮自己快速找到解决方案。

3. 载体有趣重体验。每一节小段落只有百十字，没有长篇大论，直截了当定位问题，高效简洁给出解决方案，没有多余的表述，精华内容通过漫画人物对话的方式呈现，力争让读者阅读起来更加轻松和愉悦。本书追求给读者带来极致的阅读、学习体验，不仅体现在动眼、动脑层面，也体现在动手、动脑层面。动眼、动脑的载体是漫画，动手、动脑的载体则是趣味任务卡牌游戏，让读者快乐求知。

本书面向的群体

本书对从事项目管理的人员具有普遍的适用性：如果你是一个项目经理，学习本书相关的知识点可以更好地帮助团队成员提升其行动力；如果你是项目中的成员，通过学习本书，可以更好地查漏补缺，看看项目管理效果不佳是自己行动力弱还是自己的任务没有被执行好，找到效果不佳的原因到底在哪里。

如何阅读与使用本书

1. 洞悉原理。本书的内容基于 Action35 模型，它是本书依赖的基本原理也是写作的根据，请你相信本书的理论创新性与实战指导价值。

2. 明确载体。本书把任务当成行动力的载体，以提高任务准时、高品质交付的概率来反映团队行动力的提升，因此要明确任务的载体定位。

3. 精确元素。我们明确地提出一个任务需要包含事件、人、时间 3 个元素。请记住在定义一个项目任务时，必须包含这 3 个元素。

4. 落实保障。为提高任务准时、高品质交付的概率，我们就要落实价值牵引、双向保障、机制推送、规则推进、阶段复盘 5 个保障，缺一不可。

5．躬身实践。本书原理简洁清晰，内容呈现趣味直观，非常容易理解，但最重要的还是实践，要把原理转化为工具，转化为提高任务准时、高品质交付概率的指导性策略，在项目管理场景中活学活用，多多实践。

6．复盘强化。我们可对比学习完本书之后任务的编写情况和任务的执行情况，看任务编写的规范性是否提升，看任务被准时、高品质交付的概率是否提高，查漏补缺，发现不足，持续提升。

7．传道授业。发现任务的价值，认可提升团队与个人行动力对项目的重要性。以本书原理为基础，以趣味任务卡牌游戏为方案，以任务卡牌为工具，传道授业，帮助更多的人提升行动力。

致谢

感谢我的家人，他们是我的源动力。无数感动的瞬间，只因有他们的存在；持续的坚守，只因有他们的助力。感谢郭媛、文开琪、曹江辉、唐韧、高国伟、薛焘、雷志刚、肖海，创作的路上多与他们进行思想碰撞，感谢他们真诚的建议。感谢阿里巴巴集团的底蕴与包容，感谢菜鸟集团的 PMO 团队与国际供应链与北美产品技术团队 1300 天的相伴。感谢禅道团队的刘诺琛、肖晨阳、郑乔尹、晏瑞宇，他们是我的伙伴，也是本书漫画的主创团队，本书能够快速重构，离不开他们的帮助。最后，感谢一下自己，坚定喜欢项目管理，坚定一线项目实战，坚定总结沉淀，无数个夜晚，笔耕不辍，为自己的行动力点赞！

目 录

第 9 章
阶段复盘

附录
趣味任务卡
牌游戏

第 1 章 明确行动载体

任务是落实项目团队行动力的载体。辩证地看，任务落实得好，可以体现出团队的行动力不差。通过明确任务准时、高品质交付的 8 个关键，可以直观地提高任务被准时、高品质交付的概率。但是，正是因为这 8 个关键的缺失、误用、定义不明确造成了任务落地难，也侧面反映出团队的行动力问题。因此，这 8 个关键亟须明确。

1.1　任务是落实项目团队行动力的载体

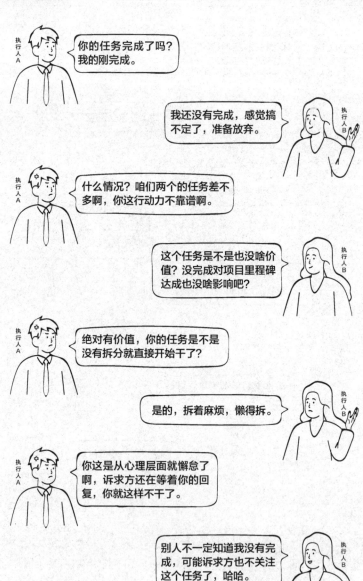

问题剖析

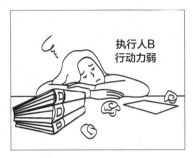

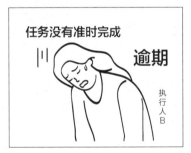

1. 行动力不足。类似的任务，分配给两个不同的项目成员，交付的结果却出现很大的差异，这种情况就是典型的个人行动力不足问题。
2. 不重视任务。没有认识到任务在整个项目中的作用，任务就是小项目，项目就是任务的集合体。
3. 没有对任务进行拆分。任务粒度越大，则越难交付，也不容易获得成就感，任务落地达成的概率也低。
4. 完全不重视诉求方的诉求。心理层面上不重视，缺乏自驱力。

解决场景

解决方案

1. 明确任务的载体作用。通过任务的交付情况，可以看出一个人的行动力如何，行动力如果强，任务会准时、高品质交付。
2. 嵌入项目管理全域。项目全面任务化，以点组线，以线组面，全面呼应，计划支撑，任务先行，以任务形式推进项目完成。
3. 细化任务拆分粒度。重视任务拆分，养成拆分任务的习惯，任务越小越容易明确到人，确定性更高，落地达成的概率更大。
4. 心理元素巧妙加持。解决彼此的诉求与依赖，巧妙运用自驱力、荣誉感、强制回复、交付结果透明化、老板参与驱动等方式。

1.2　任务在项目管理中的应用场景

 问题场景

问题剖析

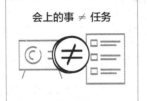

1. 狭义地理解了任务在项目管理中应用的场景，单纯地认为只有老板安排的事才算任务，其他的都不算。
2. 团队没有明确任务的适用场景，或没有对任务进行明确的划分，其实也是任务源头不清楚造成的。

解决场景

项目经理

项目会上确定的待办事项在明确好负责人与时间后可以定义为任务。

好的。项目计划中的明细事项是否可以定义为任务？

项目成员

项目经理

项目计划中的明细事项在明确好负责人与时间后可以定义为任务。

好的，别人让我干个活算不算任务？

项目成员

项目经理

项目成员间因协作的需要，产生的对彼此的依赖在明确好内容、负责人与时间后可以定义为任务。

好的，还有其他场景吗？

项目成员

项目经理

项目成员因个人履约与提醒的需要，给自己增加的提醒事项在明确好时间后，可以定义为任务。

好的，这次清楚了。

项目成员

解决方案

1. 任务可来自项目会议。在会议过程中，当遇到一些无法解决或是某个人无法立即回答的问题时，可以给具体负责的同学记成一个任务。
2. 任务可来自项目计划。我们把项目中的关键节点当成 X 轴，把子域当成 Y 轴，X 轴与 Y 轴交叉的地方会有一个时间点，一个完整的项目计划会包含很多个时间点，这个交叉的时间点如果明确了负责人，可以形成一个任务。
3. 任务可来自成员诉求。在日常工作中，项目成员间因角色的不同、所负责项目环节的不同，基于项目协作产生的诉求，在经过双方确认后，即可形成任务。
4. 任务可来自自我提醒。只要是需要记录、执行的事，都可以以任务的形式留存下来，解决自己平时因为忙等原因造成任务遗漏的问题。

1.3　任务未被执行的误区与问题

 问题场景

记录人：数据统计：数据大屏301；保税和免税备案的字段，同步到Tony；Sandy把SOP[1]和需求清单提供给Simon；系统PRD[2]再次评审与细节对焦周六@所有人。

推送人：你这记录了一堆，都记录了个啥，什么都记，记录人不是录音笔。

记录人：哦。

推送人：记的这些东西，要不没有推进人，要不没有执行人，各种角色都缺失或不清楚，我这怎么推？

记录人：哦。

推送人：还有这时间也没有，到底什么时间完成？有什么要求，都完全不知道啊，我也没法设置啊。

记录人：哦。

推送人：这些任务是谁的诉求？有啥保障和激励措施不？如何更好地促进任务准时、高品质交付？

1　standard operating procedure，标准作业程序。
2　product requirement document，产品需求文档。

问题剖析

1. 事不清。事情（即任务本体）表述得太过笼统，不清楚，模棱两可。
2. 人不准。有些任务没有明确到人，有些任务竟然写的是所有人，未准确锁定任务的负责对象。
3. 时不认。没有明确的完成时间，可能也没有和执行人确认在什么时间完成，或是在诉求的时间内能不能完成，三方没有就时间达成一致。
4. 无保障。团队就任务的产生缺乏价值牵引，也没有相关的内外力保障，容易迷失，胡乱产生与派发任务，造成资源浪费。

解决场景

项目经理

> 对于任务，我们要尽量避免事不清、人不准、时不认、无保障这4种情况的发生。

项目成员

> 好的。

项目经理

> 团队近期会提供行动力课程，助力提升大家行动力，这样任务交付更有保障。

项目成员

> 这个好，如果再加点激励措施可能更好，哈哈。

项目经理

> 可以有，谁可以帮我们举个任务的例子，要避免事不清、人不准、时不认、无保障。

项目成员

> 我来，请阿甘在2023年9月6日18点前产出千帆项目集中运输子项目的沟通计划，完成后奖励一杯咖啡。

项目经理

> 哈哈，点赞，内容和时间与阿甘达成一致了吗？

项目成员

> 已达成一致，完美规避事不清、人不准、时不认、无保障这4种情况。

解决方案

1. 任务定义清晰。任务定义要做到清晰明确、单点独立、有价值、可实现，所有相关人员对任务的内容达成一致性理解，都能看得懂。
2. 任务人员明确。清晰明确任务的相关角色，确认执行任务的干系人，如执行人、诉求人等。
3. 任务时间精准。完成任务的时间要明确到小时，并在团队内统一格式，完成任务的时间得到诉求方与执行方的认同。
4. 任务保障落地。通过任务与团队价值目标绑定、强化团队文化、提升项目成员行动力、设定激励机制等措施给准时、高品质交付任务提供保障。

1.4　任务驱动提升团队行动力的 8 个关键

 问题场景

数据统计：数据大屏301；保税和免税备案的字段，同步到Tony；Sandy把SOP和需求清单提供给Simon；系统PRD再次评审与细节对焦周六@所有人。
这是你记录的任务？

是啊。　（记录人A）

Big牵头准备所有域测试数据（账号、资源编码、线路等）1218@Big；针对包裹投诉风险，建立监控预警体系0207@James@David@Andy；0110版本UAT完成@Susan。
这是你记录的任务？

是啊。（记录人B）

唉，任务被记录得五花八门，每个人的都不一样。

是啊，推进上也是，毫无章法，也不知道谁来推进。　（项目成员）

最基本的任务组成元素都不了解，也没有明确。

也是，每人一句话，记录得很含糊。　（项目成员）

⏰ 问题剖析

1. 不清晰任务的组成元素，每个人的理解与记录并不一致，产出的任务形式也多种多样。
2. 任务缺乏一定的保障支撑，缺乏价值牵引与目标支撑，也没有考核激励机制保障任务准时、高品质交付。
3. 任务记录混乱，缺乏一定的规则与理论模型支持，没有统一的规则，不同人的做法上并不统一。

解决场景

项目经理

今天我们一起学习一下甘争光老师的Action35模型。

项目成员

感觉很有用，快给我们讲讲吧。

项目经理

Action35模型是保障任务准时、高品质交付的理论，清晰定义了任务的3个元素与5个保障。

项目成员

有了理论模型的指导，后期咱们团队的任务一定会规范很多。

项目经理

是的，3个元素与5个保障构成了任务准时、高品质交付的8个关键。

项目成员

牢记8个关键。

项目经理

任务交付水平也体现了团队的行动力水平，以任务为载体，全面提升团队行动力。

项目成员

好的，牢牢掌握任务驱动提升团队行动力的8个关键。

解决方案

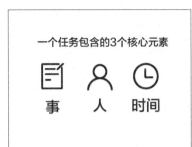

1. 创新任务理论模型。从众多的团队任务中进行抽象，将普遍存在的事实升级为可以普遍适用的理论，Action35 模型由此诞生。
2. 明确任务组成的 3 个元素。Action35 模型明确一个任务包含事、人、时间 3 个核心元素。
3. 落实任务执行的 5 个保障。Action35 模型明确一个任务可以通过价值牵引、双向保障、机制推送、规则推进、阶段复盘来进行保障。
4. 定目标、追过程、拿结果，奖优罚劣。明确项目所有任务在生命周期中必须符合 Action35 模型的原则，保障任务准时、高品质交付，奖优罚劣。

第 2 章 定义事件

任务就是被交代要搞定的事情。

理解准确，还有得先讲清楚具体要做什么事，这是前提。

是的，你觉得该如何把一件事讲清楚？

要明确事件的索引，要定义事件的主干。

还有呢？

要锁定事件人员，还有一点，哦，想不起来了。

还有一点是要规范事件的原则。

你这么一说，我就想起来了，哈哈。

事件是任务的主体，是具体明确要落实的任务载体，更是任务组成的核心三元素之一，但同时，事件又是任务中最容易出问题的地方。在任务中，经常出现对事件的表述不清，缺乏指向性；事件负责人不明确，无法准确定位到执行人，出现无人或多人连带负责的情况；时间不明确，缺乏事件牵引的情况。

2.1 明确事件索引

 问题场景

 这个任务已经推送给你好长时间了，我看还没有启动。

 有吗？这任务的事件索引里面也没有写产生时间啊！我也没法判断多长时间哦。

 好吧，我看了一下，确实没有。

 完成用户满意度调研，这就是你们推送的任务，到底是完成哪个项目发布后的用户满意度调研？

 就是千帆项目集下面你负责的运输子项目发布后的用户满意度调研哦。

 那你们能不能在任务的事件索引中写清楚啊？还有最好加个任务类型，这样我也好过滤。

 好的，我和记录人也反馈一下。

 对了，这任务是谁让我干的？产生人也看不到，能不能规范一下？

问题剖析

1. 任务的产生时间不明确，不能辅助任务执行人判断任务的停滞时长，影响到任务的启动与交付。

2. 任务的事件索引缺乏指向性，无法单纯从事件主干中判断出具体要做什么。

3. 任务类型缺失，不方便对任务进行归类，也不方便判断紧急程度，比如普通任务和风险的紧急程度肯定不一样。

4. 任务的产生人缺失，容易遗忘当前任务是谁让执行的，会影响执行人对任务优先级的判断。

解决方案

项目经理

今天给大家培训一下如何写好一个任务的事件索引。

正想学一下，发现好多任务的事件索引写得不清不楚。

项目成员

项目经理

一个任务的事件索引包含产生时间、父级、子级、类型、产生人5个组成因子。

是这样写吗？【产生时间/父级/子级/类型/产生人】。

项目成员

项目经理

是的，谁可以用这个索引规范写个例子？

这个如何？【20230906/千帆项目集/运输子项目/风险/阿木】。

项目成员

项目经理

非常好，很准确、很规范。

这个规范确实很好，也很有必要，这样写，大家都看得清楚。

项目成员

解决方案

1. 明确任务产生时间。任务产生时间明确到年、月、日，放在任务事件索引的第一个位置。

2. 标明任务父级。任务的父级可以是项目集，也可以是行业，是对任务进行区分的一个大类，放在任务事件索引的第二个位置。

3. 找准任务子级。任务的子级可以是子项目，也可以是子目标，是父级下属的一个子类，放在任务事件索引的第三个位置。

4. 定义任务类型。可以包括任务、风险、变更等类型，项目团队可以定义自己的任务类型，放在任务事件索引的第四个位置。

5. 写明任务产生人。明确任务是谁让做的，这会直接影响执行人对任务的重视程度，产生人放在任务事件索引的最后位置。

2.2 定义事件主干

 问题场景

问题剖析

1. 事件主干内容表述不清楚。只知道事件的大概，但是具体要做什么，并不清楚，缺乏明确的结果指向。
2. 相关人员缺乏。在事件表述不明确的情况下，并不清楚要找谁澄清，也不知道任务的进展信息同步给谁。
3. 缺少任务的明确完成时间。只要求完成，但是并没有写明完成时间。
4. 缺少任务的事件主干规范。团队成员并没有统一的规范作支撑，很容易在诉求和记录时遗漏部分元素。

解决场景

项目经理：一个完整的任务需要包含事、人、时间3个核心元素，大家要清楚哦。

项目成员：好的。

项目经理：对于事，又包含事件索引和事件主干，索引讲过了，主干则包含事件表述、诉求人、同步人、完成时间4个组成因子。

项目成员：好的。

项目经理：阿球想让阿甘明确一下运输子项目中关于车辆派单功能的后端开发负责人是谁，但是阿球无法直接给阿甘指派任务，于是阿球找到自己的领导阿佳，阿佳又找到阿甘的领导阿木，希望在今年9月7日18点前确认好人员。基于上面的事件主干的组成因子，大家觉得这个任务应该如何写？

项目成员：确认车辆派单功能的后端开发负责人，反馈给阿球，同步到阿佳，2023090718。

项目经理：如果再加上事件索引呢？

项目成员：【20230906/千帆项目集/运输子项目/风险/阿木】确认车辆派单功能的后端开发负责人，反馈给阿球，同步到阿佳，2023090718。

解决方案

1. 清晰的事件表述。事件表述应当言简意赅，一句话讲清楚，明确好任务核心内容及主诉求。
2. 反馈给任务诉求人。事件主干中要写清楚任务完成后的结果要反馈给哪个诉求人，明确好诉求对象。
3. 同步到任务同步人。事件主干中要写清楚任务完成后的结果要同步到谁，不一定要告知其完成结果，只告知其任务已完成即可。
4. 任务完成时间精确。事件主干中要写清楚任务的明确完成时间，精确到小时，并与诉求方和执行方达成一致意见。

2.3 锁定事件人员

 问题场景

这个任务需要推送给谁?

当时领导也没有指定谁来负责,说是让大家自己认领,所以,我也没有记录具体的人。

你这一个人都没有记录,我也没法推送啊。

你先推送其他的任务吧,这个任务我再问问。

这个任务你记录了3个人,谁是执行人,谁是参与人?

我看看,当时只说让他们3个人负责,也没有明确谁是执行人,谁是参与人。

那就困难了,我到底优先推送给谁?

都推送吧,无领导小组,肯定会有一个人主动站出来负责。

问题剖析

1. 任务执行人缺失。在任务没有人认领的情况下，执行任务的对象缺失，任务无人执行，不可能有可落地的结果。

2. 任务执行人过多。任务职责不明确，执行主体不明确，最终有可能谁都没有执行任务。

3. 项目团队在任务执行主体上缺乏统一的共识。团队中没有相关的约定，团队成员也没有遵循Action35模型的原理准则。

解决场景

项目经理

每一个任务必须且只能确定一个执行人。

记录人

那参与人呢？

项目经理

不建议有参与人，如果必须有，不建议超过1个人。

记录人

好的。可否举个例子？

项目经理

以我们前面讲的车辆派单功能的任务为例，没有参与人的情况下可以这样写：【20230906/千帆项目集/运输子项目/风险/阿木】确认车辆派单功能的后端开发负责人，反馈给阿球，同步到阿佳，2023090718@阿甘。

记录人

那有参与人的情况呢？

项目经理

可以这样写：【20230906/千帆项目集/运输子项目/风险/阿木】确认车辆派单功能的后端开发负责人，反馈给阿球，同步到阿佳，2023090718 @阿甘（主负责）@阿光（参与）。

记录人

好的，后面我统一按这个规范来明确并锁定事件人员。

解决方案

1. 明确执行角色。一个任务的执行过程中包含执行人与参与人两个角色，执行为主，参与为辅。
2. 锁定执行人角色。每一个任务都必须明确执行人，且执行人只有一个，对任务的结果负责，避免一个任务存在多个执行人的情况。
3. 弱化参与人角色。任务粒度尽量小，降低参与人出现的概率，多数任务可以不写参与人，弱化参与人角色。

2.4 规范事件原则

 问题场景

执行人：刚说的是让我搞定车辆派单任务对吧？

好像是的。 项目成员

执行人：这个任务我一个人搞不定，需要前后端、移动端等好多方一起协同完成，并且我对需求还不清楚。

现在链路还没有打通，也没有车辆，派单任务感觉在当前的价值不大啊。 项目成员

执行人：是的，优先级也不高，也不符合当前的阶段目标，不知道为啥要做。

你们是不是搞错了？不是做车辆派单任务？ 记录人

执行人：那是什么？

只是明确一下后期车辆派单功能的后端开发负责人，协作方在知道人后好明确项目阵型，方便协作。 记录人

⏰ 问题剖析

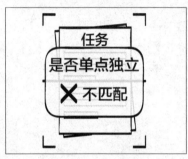

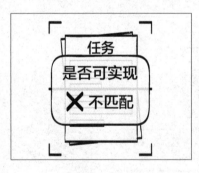

1. 任务不清晰，执行人并不理解任务的真实内容与意图，只听到了任务的末节，多方理解并不一致，存在信息差。
2. 因对任务理解不一致，任务估算后依赖过多，任务内容过大，单人无法实现，在能力与时间上无法匹配诉求。
3. 任务在当前项目阶段被判定为优先级不高，不能体现出其对项目当前阶段目标的贡献，在当前阶段价值有限。

解决场景

项目经理阿木：阿球要安排下个阶段的项目计划，所以他的领导阿佳想让我们明确一下后续车辆派单功能的后端开发负责人，这样好明确项目阵型。

记录人：这个事儿需要谁来完成？有没有时间要求？

项目经理阿木：阿甘，你们团队负责运输方向，负责人你来明确一下如何？

执行人阿甘：好的。

项目经理阿木：时间上你也评估一下，结合被推荐负责人工作饱和情况，名单看什么时间可以给出。

执行人阿甘：9月7日18点吧。

记录人：那这个任务我就记给你了啊，你看这样记录可以不：【20230906/千帆项目集/运输子项目/风险/阿木】确认车辆派单功能的后端开发负责人，反馈给阿球，同步到阿佳，2023090718@阿甘。

执行人阿甘：没问题，清晰、明确、可实现。

解决方案

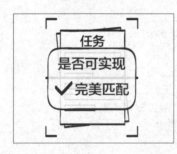

1. 任务清晰明确。对事件描述要做到清晰明白且无疑问，所有的受众和触达者都可以看得懂，看得明白，任务的相关方都认可这个任务。

2. 任务单点独立。每一个事件看作一个点，是可以被执行人单独完成的事，而非关联性极强且泛泛而谈、无法有效落地和被合理检查的事。

3. 任务有价值。任务的价值体现在其完成后是否可以帮助实现项目目标，对项目目标是否正向促进的关系，其是否为创造价值而生的。

4. 任务可实现。从执行方的视角来讲，可实现体现在能力方面，执行方能做到；从执行方与诉求方的双重视角来讲，可实现又体现在时间方面，约定时间内一方可完成，另一方诉求也能得到满足。能力支撑和时间限定是判断一个任务能否实现的两个基本因子。

第 3 章 明确人员

人是Action35模型中任务核心3个元素之一，但是在任务全生命周期中，经常出现人员缺失、人员记录混乱的情况，从而造成不知道谁做任务，不知道谁协助，任务执行的结果不知道反馈给谁，找谁确认等情况，甚至因为某些角色的缺失影响到任务优先级的排布，因此，在任务产生时，亟须明确好诉求人、记录人、执行人、参与人、产生人、同步人、推送人、推进人8个角色，并确认好具体人员。

3.1 诉求人

 问题场景

问题剖析

1. 诉求人不明确，不知道谁要结果，不知道任务的真正诉求方是谁。

2. 诉求内容不清楚，诉求经领导传递后存在信息衰减，需要确认任务详情但无法准确地定位到诉求人。

3. 诉求结果无法校验，存在产生人与诉求人的信息差，产生人只是传递了信息，而无法校验完成的结果。

解决场景

项目经理：保存拜托我了个事，大家看这个事谁愿意认领一下，保存那边急着用。

执行人阿甘：我来吧。

项目经理：好的，辛苦了，请评估一下什么时间可以完成。

执行人阿甘：2023年9月8日18点完成如何？赶得及吧？

项目经理：可以的。

执行人阿甘：那我记录一下了，执行人是阿甘，产生人是项目经理，诉求人是保存，完成时间是2023年9月8日18点。

项目经理：是的，任务的内容清楚吧？确保咱们理解一致，有不清楚的也可以再找保存明确一下。

执行人阿甘：内容现在清楚的，我尽快完成，然后回复保存并确认结果。

解决方案

1. 定义诉求角色。明确诉求人的重要性，作为 Action35 模型中重要的人元素之一，不可或缺。
2. 明确诉求主体。任务产生时，就要明确好任务的真正诉求人是谁，并记录下来传递给执行人。有时诉求人与同步人和产生人会是一个人，也是多数场景下的事实，但即使是同一个人，也要明确。
3. 合理化诉求内容。诉求人在提出诉求时，要考虑"对方"的能力和时间两个要素，自身也要评估任务产生的合理性与完成的可能性，非理性的诉求有可能得不到执行，落地则更渺茫。
4. 检验诉求结果。任务完成后，诉求人需要对执行人完成的任务结果进行校验，判断其是否符合自己的诉求，完成握手动作，直到任务状态变为完成。

3.2　同步人

问题场景

同步人

上次拜托你的事咋样了？

我这边安排的人早完成了哦。

产生人

同步人

谢谢，我还不知道，这事也是其他人拜托我的。

诉求人没和你说？

产生人

同步人

也没有，我也没收到相关进展信息。是不是任务记录时忘记写同步人了？

抱歉，我检查了一下，是漏写了。

产生人

同步人

没事没事，事情完成就好。

我这边也有失误，后期我们要让同步人及时知道任务的进展。

产生人

问题剖析

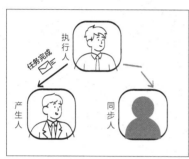

1. 未认识到同步人的重要性。从产生人层面在安排工作时就遗漏了同步人。

2. 没有明确同步人。在任务记录环节就没有明确好同步人，也忘记记录同步人。

3. 忘记同步任务的进展信息。在执行人未知同步人是谁的情况下，产生人与诉求人没有与同步人同步信息。

解决场景

同步人：上次拜托你的事情完成得很好啊。

产生人：你这消息很灵通嘛，刚刚完成你就知道了。

同步人：你这边执行人完成时，完成通知也抄送到我了。

产生人：是的，我们要求成员任务在完成时，要通知到同步人，告知其完成了。

同步人：我这边诉求同学对你们的完成结果很满意，也向我表扬了你们的执行人。

产生人：谢谢，准时、高品质完成。

同步人：你们这任务推进策略很好，这次合作很愉快，我们要向你们学习。

产生人：推荐你们学习Action35模型，可以助力任务准时、高品质交付。

解决方案

1. 认可同步角色。认识到同步角色的重要性，同步人与诉求人、产生人有可能是同一个人，它是多角色的综合体。
2. 明确同步对象。同步人为事件主干的第二个组成元素，放在事件之后，写明同步到某某。知道任务完成后，信息要同步给谁，明确好同步人及信息同步的方式。
3. 及时同步进展。包含启动和完成，同步人虽然不需要完成任务结果的验收，但是需要知道任务的进展，及时做好信息闭环。
4. 作好同步备案。如果任务没有同步人，任务的进展信息需要同步给产生人，此时任务的进展信息需要在诉求人、产生人、执行人之间做好传递。

3.3 产生人

⏳ **问题场景**

⏰ 问题剖析

 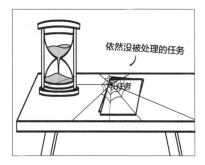

1. 产生人不明确。因失误造成产生人缺失，无法准确知道产生人，任务无主，任务有可能被遗弃。
2. 没有与产生人确认内容。因产生人未知，也找不到执行人与产生人确认要交付的任务内容是否正确，即使任务交付也没有人认领，浪费资源。
3. 产生人直接向执行人拿结果。推进人被跳过，没有展现出推进人应有的价值，执行人可能面临多方打扰，需要向多方反馈。

解决场景

这个任务是你提的吧？

是的，是我会上提的。

那我产生人就写你了，还有，你看我记录的任务对吗？

对的，记录得很准确。

好的，那我就把这个任务交接给推送人了。

好的，后面如果我想了解任务进展找谁？

可以找推进人，也可以在线查看任务状态。

好的，我与推进人保持紧密沟通。

解决方案

1. 明确任务产生人。每一个任务都需要有一个明确、唯一的产生人，并作为事件索引的组成元素之一，放在事件索引中。
2. 确认任务理解一致。任务产出后，任务记录人需要与任务产生人及时就记录的任务内容完成握手确认，要看自己理解和记录得是否准确和完整。
3. 降低产生人直接对接执行人的概率。建议团队配置中间推进人角色，减少产生人与执行人之间的接触，由推进人统一进行推进、信息过滤、信息反馈工作，降低执行人被打扰频次。
4. 灵活处理产生人、诉求人、同步人角色重叠的现象。产生人有可能是同步人与诉求人的组合体，简单任务下更可能如此，所以，任务不同，要求不同，角色的细分程度也会有差异，要灵活处理。

3.4　执行人

问题场景

这会我都没有参加，怎么也给我推送了个任务？我都不知道这个任务是个啥。

我看执行人上面写的有你，就推送给你了。

这个任务上面记录了3个人，你推送了3个人？到底谁负责？

是的，是推送了3个人，你们3个人都负责。

都负责？可能都不负责吧？

嗯……任务内容和完成时间可以估一下不？

这个任务我估不了，我不懂，如果非让我拍脑袋给个时间，就10天吧。

嗯……难到我了。

问题剖析

1. 未参会人被指派了任务，其并不明确任务的事件主干、关键要求、预期结果及同步对象。
2. 任务被指派给了多个责任主体，没有明确谁负责，即不知道主负责人是谁，谁是唯一一个可以被追责的人。
3. 缺乏对任务承接的确认，任务产生后，在没有与执行人确认的情况下，直接进行了推送，执行人并不情愿承接这个任务。
4. 缺乏任务估算能力，从而带来任务估算失误，达不到诉求人的预期。

解决场景

项目经理：这个任务需要阿参协助你一起完成，但是他不在现场，你是主负责人。

执行人阿甘：好的，可以的，这个任务就记录给我吧。

项目经理：周五前看是否可以完成？还有这个任务其实是阿佳下面一个叫阿球的同学想要的。

执行人阿甘：我类比估算了一下，本周五18点前可以完成的。

记录人：好的，那执行人就写你了，参与人把阿参加上，还有同步人是阿佳，诉求人是阿球。

执行人阿甘：好的，到时间我会及时和相关方同步任务进展，做到任务进展透明化。

项目经理：点赞，还有任务完成的结果要及时反馈和同步，可以吧？

执行人阿甘：可以的，任务完成后我及时反馈给阿球，并把完成的结果同步到阿佳。

解决方案

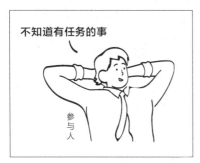

1. 明确指派原则。任务只指派给参会的人，不在参会现场的人不被指派任务，这样方便在现场面对面完成任务的确认，减少信息差，提高任务准时、高品质完成的概率。
2. 确认执行主体。任务产生时就要明确任务的唯一负责人，就是执行人，建议只记录执行人，保证其唯一负责性，并确认其愿意承接，完成握手动作。
3. 做好任务估算。对于执行任务需要的能力及完成任务需要的时间，要基于自身和团队情况给出合理可接受的评估。
4. 提升执行能力。包括任务拆分与任务的全面计划能力，做到任务有章法、可视化推进，及时反馈任务的进展与可能的风险。
5. 落实执行结果。对于执行的结果，首先要以在线回复的方式反馈给诉求人，双方完成确认后再点击任务完成，然后把完成的结果同步到同步人，告知其任务完成。

3.5 记录人

  问题场景

记录人：不好意思，刚有点走神，只听到把这个任务记录一下，没听清楚内容。

项目经理：开会还是要专注一点，我再重复一遍……这次听清楚了吧。

记录人：听清楚了，需要优化WMS的库工打包场景中，系统对于商品包材推荐的能力，提升作业效率，提升包材匹配度，降低包材成本，包材推荐准确率在当前基础上提升5百分点……

项目经理：记得有点长，最好可以精简概述一下，这个任务阿甘来领一下吧。

记录人：好的，我记录给阿甘。弱弱问一下，WMS是啥？

项目经理：嗯……，WMS是仓库管理系统，这些基础的业务系统名字还是要多了解一些。

推进人：阿甘，你这个任务完成了吗？

执行人阿甘：没有啊，也没人和我确认具体的任务内容和完成时间啊，现在突然要任务。

问题剖析

1. 没有做到专注倾听。记录时出现走神现象，容易没有听清楚诉求人希望被记录的内容。
2. 业务专业度有待提升。对于常用的业务名词缩写缺乏了解，听不懂在当时场景下别人所说的话，出现沟通信息理解不到位，不理解真实意图的情况。
3. 任务一句话概述能力不足。记了很长一段话，但是形不成一个核心的要点，不能基于诉求人的表述和目标，加上自己的理解，形成一个具体的事件。
4. 未做到任务的多方确认。只是单纯的记录，并没有与执行人确认其对任务本身是否理解，完成时间是否能接受，等等。

解决场景

记录人：把WMS中的包材推荐准确率提升5百分点，是吧？谁负责？希望什么时间完成？

项目经理：任务概述很到位，给阿甘吧，让他评估一下看需要多长时间，看30天是否可以。

记录人：谢谢，今天9月1日，阿甘，任务的内容和完成时间你看是否可以？

执行人阿甘：可以的，内容我已理解，时间也没问题，我尽快在月底前交付。

记录人：好的，那这个任务我就记录给你了哦。9月30日18点前完成。

执行人阿甘：好的。

记录人：本次会议所有的任务我都记录好了，稍后我会公示在项目群，有疑问请尽快找我，没有疑问我就按上面记录的内容和时间开始转给推送人了。

项目成员：好的，我们再检查一下。

解决方案

1. 学会专注倾听。高效开会,减少分心和被打扰,及时获取必要的信息,并快速、精简、准确地输出自己的理解。
2. 深度理解业务。学习所在业务线的行业知识,特别是专业术语,要能理解并做到讲得出,听得懂,能传达。
3. 提升概述能力。可以从一段表述中抽象出一句话,精准概括并表述出任务本身,一定体现要点。
4. 做到多方确认。任务通过一句话概述后要与诉求人和执行人双方进行确认,与诉求人确认自己理解和记录是否准确,与执行人确认任务内容是否理解,完成时间是否可以接受。
5. 做好公示同步。会议结束后,要通晒任务,留下思考和更改的时间空间,从源头层面提升任务推送和完成的靠谱程度。

3.6   推送人

问题场景

问题剖析

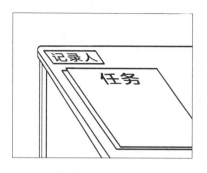
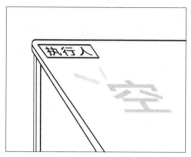

1. 未认识到推送角色的复杂兼容特性，单纯理解这一角色职能，未考虑其在小团队的适用性。
2. 推送对象不明确，未做到精准推送，存在推送错误的情况。
3. 任务多角色并存的情况下，任务被推送出去的信息没有得到及时同步，相关方没有收到任务的进展信息。
4. 没有担负起推送澄清的职责，对被推送的任务主体信息不清楚，无法或不愿意向参与人澄清说明。

解决场景

项目经理：团队人员有限，后面任务的记录、推送、推进都由阿送负责。

推送人阿送：好的。

执行人：刚才你记录给我的任务，会后辛苦及时推送给我。

推送人阿送：好的。

项目经理：还有，需要把任务推送到执行人，并把推送信息同步到参与人，乃至涉及的产生人、同步人等角色。

推送人阿送：好的，除了任务接收的主负责人会推送，参与人、产生人、同步人的信息我也会推送到。

参与人：这个任务具体是做什么？能否帮我简单说明一下？

推送人阿送：好的啊，这个任务主要是关于……由××负责，完成结果需要反馈给××……

🧑 解决方案

1. 厘清角色担当。认可多数情况下记录人、推送人、推进人三角色合一，由一人来担任的情况，并能正确履行自己的三重职责。
2. 找准推送对象。明确好任务的执行人即主负责人，任务要第一时间推送给执行人，并在任务中标明其是唯一负责人。
3. 做好推送同步。除执行人外，被推送的任务信息也要同步到参与人、产生人、同步人。
4. 辅助任务澄清。当任务的执行人接收到这个任务并且有疑惑时，可以找到推送人进行澄清，便于信息的传达与任务的执行到位。

3.7　推进人

问题场景

诉求人：项目中的任务是由你来统一推进吗?

推进人：还不知道哦，项目经理也没说。

诉求人：好多任务都没人管，后知后觉，任务逾期了才发现。

推进人：不是有自动化提醒吗?

诉求人：这种提醒有几个人看啊，效果太差了。再说了，这种单向沟通也很难让我们发现风险。

推进人：就是发现了也只能说一下，也没啥用。

诉求人：解决一下总比任其发生好吧?现在的任务进展就是个黑盒，完全不知道什么情况。

推进人：确实，主体不明，职责不清，各方各玩儿各的，很难推动。

🕐 问题剖析

1. 推进主体不明确，缺乏总体牵头人，导致诉求人比较迷茫。
2. 任务推进不及时，造成任务逾期，不能准时交付，这也是缺乏任务管理的表现。
3. 没有采取保障任务进度的有效措施，消息触达量有限，触达效果不好，推进人不能起到有效的提醒作用。
4. 不重视任务推进过程中发现的风险，没有想过主动解决，任其发生，缺乏风险管理意识。

解决场景

项目经理

团队中所有的任务由你来统一推进。希望推进策略要明确，推进要主动，提升推进效果。

好的，推进这一块请放心。

推进人

诉求人

请问我的任务进展如何？

你当前任务的进展为80%，我刚与执行人沟通过。

推进人

诉求人

这个一定要准时交付啊，还有协作方要求很高，不要有什么风险。

放心吧，我们发现一个进度风险，今天会加班解决，不会影响交付。

推进人

项目经理

咱们团队当前任务的整体情况是什么？

团队一共有32个任务，当前已完成的18个，在执行中的14个，准时、高品质交付率100%。

推进人

解决方案

1. 明确推进主体。明确任务的推进负责人是谁，像任务的主负责人一样，任务也需要明确唯一的推进负责人。
2. 做到主动推进。推进人要自带推进驱动力，在没有外力催促的情况下，自身能主动与执行人沟通，推进任务。
3. 保证任务进度。在自动化提醒与人工提醒的双助力下，在任务完成时间到来前，推动执行人完成任务，加速任务推进。
4. 解决推进风险。及时发现任务推进过程中的进度、质量、人力风险，协助执行人解决风险。
5. 反馈进展详情。阶段性反馈全量任务的进展情况，如整体进度、完成百分比、逾期情况及原因分析。

3.8　参与人

这个任务你估算需要1个工作日完成是吧，那我记录给你了，时间写明天。

不要只记录给我，这个任务我一个人也完不成，要有协作方的。

才1人日的任务，你需要谁来协助你一起完成？

需要阿光、阿参两个人来协助。

你确定需要这么多人协助？再说参与人可有可无，不需要都写上吧。

需要的。

把我们都写上，也不知道干啥，让我们承担连带责任啊。

一起完成嘛，责任均摊。

🕐 问题剖析

1. 任务拆分不够独立。单位人日看起来小，但是中间可能存在的依赖比较大。
2. 参与人过多。一个体量过小的任务却需要多人一起协助，协助成本比较高。
3. 没有认识到参与人的角色职责。参与人只辅助，不需要承担与任务相关的责任，而执行人却想拉上参与人一起均摊责任。

 **解决场景**

项目经理

任务拆分的粒度要尽可能地小，一个任务最好由一个人单独完成，减少依赖。

好的。

项目成员

项目经理

你这个任务怎么样，一个人能搞定不？

可以的，记录给我吧。

执行人

项目经理

那这个任务怎么样，一个人能搞定不？

我这个任务需要阿光参与一下，需要前后端协同完成。不过，任务结果我主负责，阿光配合就行。

执行人

项目经理

阿光，你配合怎么样？

可以的，一定全力配合。

参与人阿光

解决方案

1. 明确参与角色。明确任务中存在参与人的角色，但是坚守任务粒度最小、单人可以独立完成的原则。
2. 减少参与人员。任务中不要出现多参与人的情况，建议单个任务不超过一个参与人，并且非必要情况，任务中可以不记录和体现出参与人。
3. 做好辅助支撑。当任务确认需要有参与人时，参与人要积极参与，起到辅助支撑的作用。
4. 避免责任均摊。参与人不对任务的结果负责，只在过程中辅助任务执行，不承担任务执行结果好坏的责任。

第 4 章 约定时间

任务执行生命周期中主要涉及哪些时间元素？

有产生时间和完成时间，还有其他吗？

还有自动提醒时间和人工提醒时间。

懂了。

知道为什么要区分自动提醒时间和人工提醒时间吗？其中主要涉及哪些时间元素？

是因为两种提醒方式的侧重点不同。

厉害，那对完成时间你觉得有哪些要点要知晓？

对完成时间多方要有一致的理解，并明确到年、月、日、小时。

时间是 Action35 模型中的三元素之一，也是关键因子，其包含产生时间、自动提醒时间、人工提醒时间、完成时间 4 个子类。产生时间可辅助任务尽早启动，自动提醒时间可提高消息触达效率，人工提醒时间可改善沟通效果，完成时间可优化任务交付效率。但是在任务全生命周期中，存在着时间缺失、模糊、格式不统一而导致的各方对时间理解不一致等问题，影响到任务的交付。

4.1 产生时间

 问题场景

4.1 产生时间

问题场景

项目经理
这个任务什么时间产生的？
执行人
应该是前几天吧。
项目经理
我看这个任务索引里面也没有标注清楚产生时间。
执行人
是的，推送给我时就这样。
项目经理
咱们项目的任务交付周期一般多长？
推进人
我去算一下。
项目经理
任务交付周期算出来了吗？
推进人
不好意思，好多任务产生时间缺失，有些时间的格式也不统一，一时半会儿还算不出来。

问题剖析

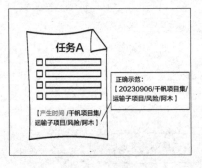

1. 任务产生时间缺失，导致推进人无法清晰地知道任务是在什么时间产生的，不能协助判断任务被延迟启动的时间间隔，影响任务的启动与完成。
2. 任务产生时间格式不统一，有些精确到月，有些精确到日，无法清晰地测算从任务产生到任务完成的时间间隔。
3. 无法便捷统计任务交付周期，也是因为任务产生时间缺失和任务产生时间格式不统一造成的，单个任务交付周期未知造成项目任务的平均交付周期不可知，影响任务交付。

解决场景

项目经理

任务需要有明确的产生时间，这样大家可以清楚地知道这个任务是什么时间产生的。

有什么格式要求吗？

项目成员

项目经理

比如2023年9月6日产生的任务，格式可以写成：20230906。

好的，对于产生时间的存放位置有要求吗？

项目成员

项目经理

有的，请将其放在任务索引中，作为任务索引的一部分。

好的，其实产生时间也可以辅助我们排列任务优先级，早产生的任务早启动。

项目成员

项目经理

是的，还可以帮我们测算整个任务的交付周期，辅助任务交付提效。

是的，我们尽快高品质交付。

项目成员

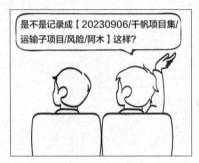

1. 约定产生时间格式。项目任务建议明确到日，如 2023 年 9 月 6 日产生的任务，格式可以统一记录为 20230906。
2. 明确产生时间用法。产生时间可以放在任务索引中，作为索引的重要组成部分；产生时间可以用于计算任务交付周期，辅助判断任务合适的启动时间，便于估算。
3. 助力任务交付提效。通过核算从任务产生到任务完成的时间间隔，度量任务的交付周期，探索影响交付周期的原因，助力任务交付周期缩短，提高任务交付效率。

4.2　自动提醒时间

 问题场景

问题剖析

1. 缺乏自动化提醒工具的支撑。在任务繁多的情况下，推进人一个个单点提醒，不仅工作效率低，还影响推进人的工作体验感。

2. 提醒延迟造成提醒效果不佳。没有设定好自动化提醒的时间，因此其没有起到应有的提醒作用。

3. 自动化提醒泛滥。在信息爆炸的情况下，被提醒者不重视自动化提醒，因为信息太多、任务太多，被提醒者不想处理，因此选择放弃与忽略。

4. 自动化提醒时机不对。在未与项目成员沟通提醒的最佳时间的情况下使用自动化提醒，造成了不恰当的打扰，影响到执行人对于自动化提醒的体验感。

解决场景

项目经理

现在周会时间正合适，你来和大家讲一下任务提醒的规则。

推进人

好的，咱们的项目大批量任务主要是通过项目管理系统进行自动化提醒。

团队成员

自动化提醒太多，能不能优化一下提醒频次。

推进人

可以的，我会在任务开始和任务完成前各提醒一次大家，如何？

团队成员

可以，还有提醒时间能不能优化一下，开会时收到电话提醒太烦了。

推进人

大家觉得咱们项目组成员几点收到提醒比较好？

团队成员

上午9点30分如何？这时刚上班，收到提醒也可以更好计划一天的工作。

推进人

可以，这样大家体验感更好，我们就设定这个时间为自动化提醒时间。

解决方案

1. 明确提醒工具。对于项目大批量任务，推荐使用自动化工具进行提醒，而非人工一个个地跟、盯、催，提高提醒的触达广度和及时率。
2. 定义提醒场景。场景一主要提醒任务的执行者尽早开始执行任务，提醒时间可以设置得早一些。场景二主要提醒任务的执行者及时把任务执行的结果反馈到诉求人并及时关闭任务，可以设置得晚一些，通用的提醒时间可以设置在任务完成前 1 到 6 小时。
3. 设定提醒频次。单个任务的自动化提醒频次不建议超过 3 次，2 次为佳，一次提醒开始，一次提醒即将完成。
4. 关注提醒体验感。不建议把提醒设置在集中工作或会议的时间，因为这会给项目成员造成打扰，也会影响到提醒效果，基于自身团队的实际情况，把自动化提醒设置在间歇时间内，提升提醒体验感。

4.3　人工提醒时间

 问题场景

🕐 问题剖析

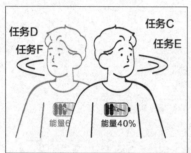

1. 泛化提醒对象。提醒对象不明确，工作量大且重复，缺乏工作重点，推进人在人工提醒上投入精力过高，提醒效率不高。
2. 提醒时机不对。推进人未能选定恰当的时间切入，单方面主观性比较大，互动方可能还未做好准备推进人就切入。
3. 提醒效果不佳。推进人在不经意间营造出紧张的推进氛围，影响到执行人的体验感，这样虽可以达到提醒的效果，但体验不佳。

解决场景

解决方案

1. 选定提醒对象。系统自动化提醒后没有任何反馈的任务、人工判断有逾期风险的任务、高价值重点关注的任务都可以选定为人工提醒对象。
2. 明确提醒时机。人工提醒的时间相对随机，可以见缝插针，随机把控，因为是面对面或在线聊天，互动性强，以双方时间能匹配上为主。
3. 优化提醒效果。人工提醒灵活，获取的反馈也会更加直观和真实，建议多做有情感的互动，通过持续优化提醒方式，增强执行人收到提醒的体验感。

4.4　完成时间

 问题场景

⏰ 问题剖析

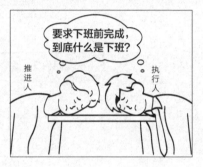

1. 完成时间不明确，存在模糊地带，不同人对下班时间的理解并不一样，产生了认知上的歧义，主要是在任务产生时没有明确清楚。
2. 完成时间格式不正确，没有明确到具体时间点，而使用了中文"下班前完成"。
3. 没有对完成时间完成握手动作，或者说握得不准，握了但各方没有达成认知层面的一致。

解决场景

这个任务你估算一下，看9月8日能否完成。

好的，我类比估算了一下，感觉可以。

那咱们约定这个任务的完成时间是9月8日18点前吧？

可以的，9月8日18点前交付任务。

要全量交付，不要交付部分哦。

放心，百分之百全量、准时、高品质交付。

完成时间定了，辛苦尽快启动哦。

好的，我会尽快启动，提升交付效率。

解决方案

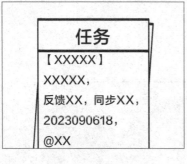

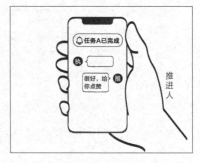

1. 明确完成时间的重要性。每个任务都需要有完成时间，没有完成时间的任务可以拒绝接受和推进，它也无助于协同。

2. 规范完成时间格式。建议完成时间明确到小时，避免出现"下班前完成"这样的模糊时间，如可以明确到 2023 年 9 月 6 日 18 点。

3. 做好完成时间握手。诉求人的期望时间在得到执行人的确认后可以变成完成时间，因此，完成时间明确前，诉求人与执行人需要完成握手动作，双方对完成时间理解一致。

4. 执行完成时间前的动作。在任务完成时间截止前，不仅要把任务做完，还要把任务完成的结果进行在线回复，同步结果到诉求人，在确认没有问题后，在完成时间截止前单击"完成"按钮。

第 5 章 价值牵引

价值牵引是保障任务准时、高品质落地的五大保障之一。如果没有价值牵引：任务设定可能会与目标无关，方向错误；任务来源可能多样，不够聚焦，带来资源浪费；当然，缺乏价值牵引的任务也无法拿到优势资源，更没法保障资源的稳定持续投入；价值不明确、缺乏牵引的任务也无法引起各方的重视，在进度上无法获得保障，在质量上也缺乏监控；最终影响任务的准时、高品质交付。

5.1　价值牵引保障任务方向正确

问题场景

这个任务你来完成一下？

这个任务和项目目标之间有什么关系？

项目目标还没有明确，咱们任务驱动，任务先行。

可否等目标明确了我们再开始，还有其他优先级更高的任务。

干就完了，哪有那么多事。

如果关系不大，价值就不大，可能会浪费人日，影响更有价值任务的推动。

什么事都算价值，烦不烦，再说价值方向问题也不是你该考虑的。

方向如果错了，做得再多也没有意义，还不如想清楚了再做！

问题剖析

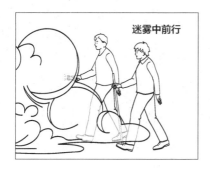

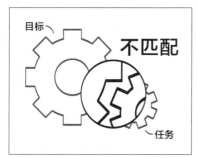

1. 项目目标不清晰，无法对单个项目成员产生有效的驱动力，容易让团队及成员迷失方向。
2. 具体任务与项目目标之间的关系不明确，无法准确衡量任务的价值，影响任务的认领与推进，如果方向不对，做得越多，错得越多，浪费越多。
3. 忽视了方向正确对团队的正向牵引作用，方向关系到每个成员执行任务的价值导向，要先做正确的事，而不是找事做。

解决场景

解决方案

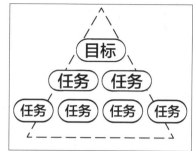

1. 明确目标。目标是方向，需要先保障有目标且目标清晰，这里的目标包括项目团队的目标，也包括每个人设定的阶段性目标，要清晰、明确、透明。
2. 定义价值。只有与目标方向一致并且能够支撑目标达成的任务才是有价值的，才是值得投入人力去做的，否则就是浪费人力，因此拿到任务要先定义其价值。
3. 坚定方向。保证做正确的事，而不是找事做，只有与目标契合、方向正确、有价值的任务才会对目标达成形成助力，而不是反向作用力、阻力，价值牵引保障了任务的方向与目标的一致性。

5.2　价值牵引保障任务来源明确

 问题场景

问题剖析

1. 任务的来源渠道过于多元，未做有效的限定，任务太多反而顾此失彼。
2. 任务管理入口单一，如果任务被混杂记录，不能有效地对其进行归类，并且不同人群的查询诉求不一样，增加了管理难度。
3. 任务价值未衡量，没有明确重点，比如项目中里程碑类任务和体验类的工单任务在不同时间点上是没办法拉横一起做的。
4. 混杂存放任务导致推进人精力分散，不便有效识别、推进重点事项，在高优先级的事项上有可能陷入遗漏误区。

解决场景

项目经理

咱们项目组的任务主要来源于项目WBS[1]、项目会议、客户反馈3种渠道。

项目成员

想想是这样的。

项目经理

对应的3类任务价值不同、优先级不同，不要记录在一起，需要分3个入口。

记录人

好的，不同来源的任务我分开记录，并打好标签。

项目经理

比如项目WBS产生的任务关系全员，项目会议产生的任务主要与风险、变更有关，客户反馈产生的任务主要与工单处理有关。

记录人

这几类任务紧急程度、重要性确实不好拉横了看。

项目经理

是的，这3种渠道来的任务，关注人也不同，分开管理更清晰。

推进人

好的，在推进频次和主动沟通方面我也注意点。

1　work breakdown structure，工作分解结构。

解决方案

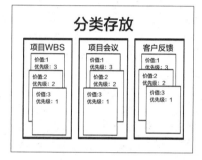

1. 明确来源渠道。明确并限定项目团队可以认领的任务来源，可以限定与核心项目目标相关的项目 WBS、项目会议、客户反馈 3 种渠道。
2. 区分管理入口。项目任务类、会议相关的风险变更类、客户反馈相关的工单类单独分类存放，给不同人开通不同的管理入口。
3. 做好价值衡量。对任务进行优先级标识并明确工作量，衡量任务价值与项目目标之间的关联度，然后做好价值大小标签。
4. 区别跟踪推进。基于衡量的价值及相应的紧急程度，区别对待不同的任务，优先推进高价值、高优先级的任务。

5.3 价值牵引保障任务资源到位

问题场景

诉求人

这个任务如果完成，能带来15％的增收，这很重要，请帮忙评估一下资源的投入。

项目经理

这个任务预估要投入30人日。

诉求人

这么多？好吧……现在有这么多资源可以锁定吗？

项目经理

你先去申请营销预算，等你准备好，我先从其他地方抽调支持一下。

诉求人

营销预算到位了，你这边的资源什么时间可以开始投入？购物节马上到了。

项目经理

刚来了个更紧急的任务，把你这边的资源抽调走了，抱歉。

诉求人

都已经锁定的资源还能抽调走，这资源完全没法保障啊。

项目经理

要不招个新人应急一下？

问题剖析

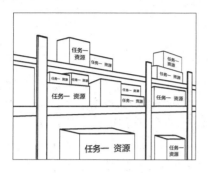

1. 资源评估有可能失真，实际评估与预期差异过大，超出了诉求人的预期，但因为诉求人的话语权过弱，所以无法反驳。
2. 未有效履约并锁定资源，在营销预算申请了之后，资源被临时抽调走，产生失信行为，无法保障资源投入度。
3. 在资源被抽调走的情况下，提供了新人应急的建议，这完全是在应付，存在任务交付品质不及预期的可能性。

解决场景

项目经理

这个任务我评估了一下需要3人日。

诉求人

合理，如果3人日可以完成，这个任务的投入产出比会达到10。

项目经理

这么高？价值真大，我把你这个任务标为高优先级。

诉求人

这个需要营销预算的配合，预算到位咱们立马启动，我周五前给你反馈。

项目经理

好的，那我先帮你锁定下周的3人日。

诉求人

感谢感谢！

诉求人

预算申请好了，下周一可以启动不？

执行人

人日已锁定好，都承诺你了，必须可以启动，资源保障这块你放心，我全心投入。

解决方案

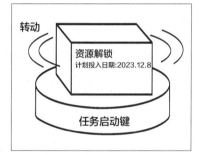

1. 预估资源。合理评估资源使用量，明确投入的资源与任务的价值之间的关系，评估投入产出比，保障任务的高价值产出。
2. 锁定资源。任务的价值越大，越有利于抢占到资源，并可提前锁定资源，同时防止资源在使用中被抽调走的情况发生。
3. 保障资源。使所需资源在诉求时间内及时到位，同时保障资源的投入度、资源的品质，助力任务准时、高品质交付。
4. 释放资源。为防止无效占用资源，在任务完成后，要及时释放资源，提高资源的周转使用率。

5.4　价值牵引保障任务打法务实

问题场景

这个任务你和产生人确认过吧？要求的内容和记录的内容同步过吧？

没有哦。

你能经常同步一下大家的任务进度信息吗？受上游影响我的任务都没法做了。

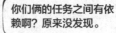
你们俩的任务之间有依赖啊？原来没发现。

有项目组的全局任务看板吗？每次会上大家各讲各的，记录格式和推进情况五花八门。

好像没有明确的，也没有人来统一管，缺少一个统一的推进人。

这种问题经常发生，每次都用临时任务治理一下皮毛，不能根治一下吗？

嗯……我也没办法，你找项目经理吧。

问题剖析

1. 协作各方之间缺乏信息对齐，没有明确好任务内容，更没有与其他各方确认，带来的后果就是执行人交付的内容有可能根本不能满足相关方的诉求，浪费投入。
2. 项目成员之间及项目团队的小组之间缺乏信息同步，推进人也没有做同步工作，信息没有互通，未能及时发现协作依赖带来的逾期问题，影响到下游协作方。
3. 任务记录与任务推进各自为政，缺乏统一的协调调度，没有统一的收口，造成任务混乱，不易统一管理。
4. 每次面对发生的问题浅尝辄止，不愿意投入人力和物力解决，问题反复发生，影响诉求人的体验感。

解决场景

这个任务完成的结果我和诉求人同步过了，他很满意，我就单击任务完成了。

好的，你这任务及时完成率很高啊。

这也得感谢你，当时及时发现了我协作依赖方的进度延迟，帮我催促，我这边也算是及时衔接上了。

不客气，这也是因为所有任务都收口在我这里，我也能从全局看所有任务之间的依赖度和进度，及时发现问题，及时推进。

从这看出来任务收口的优势。

这个任务投入很大啊。

是啊，这个问题反复发生，这次一定要根治，彻底解决。

你这就是击穿[1]，哈哈。

1　指把一件事弄清楚后，彻底解决该事件的痛点、问题等。

解决方案

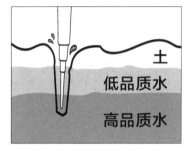

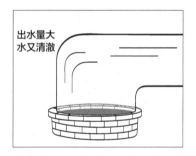

1. 对齐。记录人与产生人对任务的认知理解对齐：实际内容与记录内容的对齐；执行人与诉求人对任务执行结果的对齐，即一个人的完成结果，正好是另一个人想要的。
2. 同步。不同任务之间，特别是有依赖或其他关系的任务之间，干系人需要同步进展信息，保障任务衔接的及时性；同一项目团队内不同小组之间需要同步资源信息，及时补位。
3. 收口。所有诉求人提出的诉求需要汇总到收口人这里，由这个收口人统一管理,这个人可以是项目团队的全局推进人,统管项目的所有任务。
4. 击穿。执行一个任务可触达某个痛点，执行一堆任务就有可能击穿某个痛点，即彻底解决某个痛点，从而百分之百地实现项目目标，这就是对任务执行的要求。

5.5 价值牵引保障任务进度可靠

问题场景

执行人A：一堆任务蜂拥而来，完全没有经过分类，也看不出任务价值的大小。

执行人B：是啊，我们真是应接不暇，感觉都在处理一些没有价值的细节。

推进人：我也不知道这些任务价值的大小，不知道是否推进？

执行人：我看你心不在焉的，感觉很不重视这个任务的推进啊，哈哈。

推进人：这你都看出来了？

执行人：虽然要低头干活，但是也要抬头看路。既然没有价值牵引，我也无法保障资源投入了。

推进人：这会影响任务进度吗？

执行人：可能会吧，没价值的任务谁会重视，就是延迟也没人关注。

问题剖析

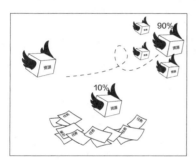

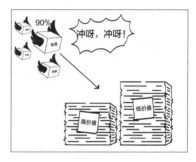

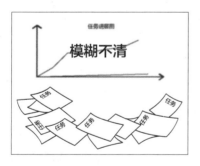

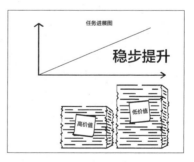

1. 任务价值不明确，无法对承接的众多任务打标签区分，从而无法明确各个任务的价值或重要程度。
2. 任务因缺乏价值牵引，影响推进人的推进动作，让推进人无法判断推进节奏，可能会影响到潜在重要任务的推进。
3. 执行人在任务价值不明确的情况下不能保障在这个任务上的资源投入，潜在影响任务的交付节奏。
4. 无价值标签的任务缺乏重视，任务进展同步得慢，影响到任务的交付。

解决场景

诉求人：这个任务能否准时、高品质交付，将影响到我们用户的满意度及复购率。

项目经理：这个任务很重要啊，我会给这个任务打上高价值标签。

诉求人：好主意！我有一个建议，可以搭建一个高价值任务进展榜。

项目经理：可以，奖优罚劣，助力任务落地。

推进人：对于高价值任务我会进行两次人工提醒，及时跟、盯、催。

项目经理：好的，做好推进落地工作。

执行人：有了价值牵引，知道了任务的价值属性，我们干起来也有动力，资源投入上也有保障。

项目经理：是的，资源投入上有保障，进度也就有保障。

解决方案

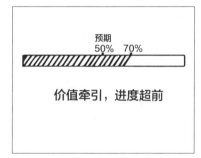

1. 明确任务价值属性。任务价值标签化,体现任务重要性,营造紧张感, 提升任务在执行人心中的优先级。
2. 价值牵引任务推进。以任务价值增强推进人的推进动力,及时跟、盯、 催高价值任务,同时向执行人反复传达任务的价值。
3. 价值牵引保障任务执行进度。给予高价值任务高优先级,保障高优 先级任务的高投入,实现准时、高品质交付。
4. 搭建任务执行进展榜。明确高价值任务的阶段完成情况,判断进度 超前、准时还是延迟,奖优罚劣,以榜单驱动高价值任务的交付。

5.6   价值牵引保障任务质量可控

问题剖析

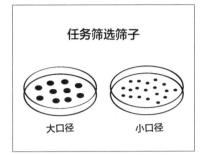

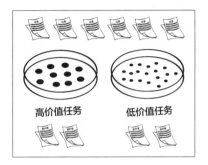

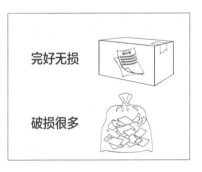

1. 任务价值不明确，任务重要性不明确，容易让执行人对任务的执行缺乏有效牵引。
2. 不重视任务的交付品质，也是因为任务价值不明确，容易引起执行人的误判。
3. 主观认为任务过小，缺乏有效的风险预案，容易疏忽大意，带来交付的不确定性风险。

解决场景

执行人A：感觉自己接了个大活啊，诉求人反复强调其重要性。

执行人B：看来价值很大啊。

执行人A：是的，关系到这次购物节订单量预测及库工招募。

执行人B：那是得重视起来，投入要高点哦。

执行人A：是的，还得重视交付质量，要反复适配模型与调整参数。

执行人B：嗯，高价值、高品质。

执行人A：想了想，订单量预测的偏差如果过大，直接影响到库工招募，从而影响到消费者的时效满意度。

执行人B：明确好验收标准，开发完成后多测试，加油。

解决方案

1. 明确价值量级。对于高价值任务，保障任务执行落地过程中的资源投入，做到资源投入的高品质、可持续。
2. 判断潜在风险。明确任务交付过程中可能出现的质量风险，设定风险预案，风险发生时能够及时应对。
3. 强化价值牵引。为了保障交付质量，可以前置更多的验收标准，进行多轮测试，引入最终用户验收环节，多渠道保障交付品质。

第6章 双向保障

Action35模型中的双向保障你了解不?

你说价值观保障和行动力保障吗?

厉害,这都知道。

那必须的,我对Action35模型很精通。

说到价值观,信任、承诺、责任心真的很重要。

是的,价值牵引,由心出发。

对于行动五力,目标力、计划力、执行力、公开力、迭代力,你觉得哪个最重要?

哈哈,一样重要啦,环环相扣,缺一不可。

价值观保障与行动力保障构成了Action35模型的双向保障,一个从思想层面保障,一个从行为层面保障。但是在任务执行过程中,团队成员普遍缺乏统一的价值观,对于交付任务需要特别关注的价值观并不清楚,在思想层面不容易达成一致。当然,在行为层面,对于如何制定目标、如何制定计划、如何高效执行计划、如何保持进度与风险信息公开、如何持续迭代与提升都缺乏策略支持,也亟待明确行动五力的关键点。

6.1 价值观保障之信任

问题场景

1. 不相信队友。在任务还没有交付前就基于过往的经验，主观地评判队友交付的质量低、不靠谱。
2. 不相信团队。怀疑团队角色设置不合理，怀疑各角色成员能力不达标。
3. 自己没有诚信。一开始就说任务很紧急、很重要，结果队友千辛万苦实现后，自己反而不推广运营，让队友的功能白做，引起队友的反感。

解决场景

1 "业产技"是业务团队、产品团队、技术团队的缩写。

解决方案

1. 深度认知信任。信任是开启心扉的钥匙，信任也是一种高尚的情感，信任更是一种连接人与人之间的纽带。
2. 学会相信队友。相信队友的能力，相信队友的承诺，相信其执行的结果，放下内心的怀疑，以坦诚之心，面对身边的队友，不要把他们当成"敌人"。
3. 学会相信团队。相信团队的力量，团队多角色的存在必然有其合理性，相信大家的专业能力，相信团队成员之间可以互相支持。
4. 做值得被信任的人。不精不诚，不能动人，要想值得别人的信任，自己不能有失信的行为，要持续提高自我的诚信度。

6.2 价值观保障之承诺

 问题场景

问题剖析

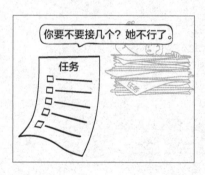

1. 缺乏认领任务的勇气。在诉求人提出任务时，唯唯诺诺，不敢向前，推来推去，不敢去承接任务。

2. 缺乏与认领任务相匹配的能力。有勇气承诺，但是能力可能不足，能力与诉求不匹配，可能会出现伪承诺，说到做不到。

3. 没有遵守承诺。时间到了，但是任务没有完成，未能完全地履行承诺。

解决场景

购物节马上到了，我想做一个优惠券定向推送功能。

这个任务谁愿意认领？或是你想让谁完成？

阿甘怎么样？

可以啊，交给我，一定准时、高质量交付。

优惠券误发容易造成资金损失，一定要注意交付品质啊。

请放心，我们开发了专业测试工具，有能力保障交付品质。

这次优惠券推送精准，订单量增长明显，谢谢阿甘。

承诺必完成，哈哈。

解决方案

1. 勇气先行。敢为人先，打破边界，遇到任务要敢于站出来，不推脱，不躲闪，不趋利避害，有主动承接任务的勇气。

2. 能力辅之。能力是保障，是完成任务的基础，打铁必须自身硬，没有足够的能力支撑，单有勇气也不一定能办得到。

3. 承诺靠谱。基于任务的要求与自身的能力进行综合评估，在要求时间与自身可以完成的时间之间找到平衡，再给出准确的承诺。

4. 说到做到。一诺千金，信守诺言，在约定的有效时间内完成承诺的内容，并满足预定的验收标准的要求。

6.3 价值观保障之责任心

 问题场景

项目成员A

这次项目周会前的任务复盘，感觉多数任务进展不达预期。

又不是你的任务，你瞎操什么心。

项目成员B

项目成员A

我也有个任务没按时完成。

什么原因？你发现没？

项目成员B

项目成员A

刚开始没发现这个风险，后来听别人说的，但都是同事，也就没上报。

咋办？"甩锅"给上游依赖方？

项目成员B

项目成员A

只能这样了，我不想对这个结果负责。

嗯……你真干得出这事……

项目成员B

问题剖析

1. 缺乏主人翁意识。"各人自扫门前雪，莫管他家瓦上霜"，此心态要不得。
2. 未主动探知到任务依赖风险。风险是被别人告知的，发现时已晚。
3. 没有上报风险。基于情面，不敢也没有上报关联风险，更没有主动去找解决办法，任由风险发生并危及自身。
4. 对交付结果缺乏责任心。在风险发生、任务没有准时交付的背景下，没有想到如何改进，如何交付任务，而想的是推脱责任和"甩锅"。

解决场景

参与人：这个任务虽然我只是参与人，但是我们一起完成，有需要随时说。

执行人：好的，没问题。

参与人：咱们这个任务对阿贝有依赖，但是我发现他最近经常请假，不知道进度上能不能衔接得上。

执行人：你发现了很好，我去找阿贝沟通一下。

参与人：如果你沟通后，判定进度上确实有风险，我们下次项目周会上可能要上报一下。

执行人：是的，到时请项目团队决策，看如何抽调资源解决。

参与人：嗯，同时我开发了一个结果验证工具，到时间可以实现自动化验证。

执行人：靠谱，保证交付品质。

解决方案

1. 有主人翁意识。要有这种心态，不拿自己当外人，不是你的任务、我的任务，而是团队的任务，是一起要完成的任务。
2. 主动探知风险。不要被动等待风险，不能等着被别人发现风险时，才吱吱唔唔地说，要主动探知并尽早抛出风险。
3. 及时上报风险。如发现上游依赖方执行的进度和品质有风险时，要及时上报，机警地直面风险，并与团队共担风险，然后消灭风险。
4. 对交付结果负责。说交付的是什么样就是什么样，说到做到，不论是从交付的时间保障上还是从交付的品质保障上，都对得起良心，对得起自己的承诺。

6.4 行动五力保障之目标力

 问题场景

你承诺本周会完成任务，我看你有很多任务，本周明确的目标是什么？

明确目标还没定，但我想多完成几个，要不这样吧，这周任务全部完成。

全部？你觉得这目标设定得难不？

总要有点魄力，挑战一下自己呀。

你能一句话概述一下你的目标吗？

嗯……就是把手里的任务都处理完。

你把每一个任务都包含进目标，不需要取舍吗？精力和时间真的够？

每一个都很重要，舍弃哪个都不行，一起推进吧。

问题剖析

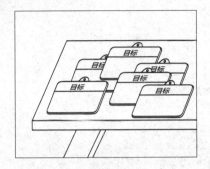

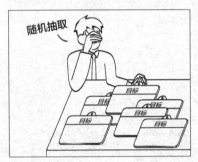

1. 目标设定不明确。只知道要全部完成，但是对于完成几个，为什么完成这几个都没有想明白。
2. 目标设定得过难。没有考虑到自己的能力和精力，目标设定的过难有可能无法实现。
3. 缺乏对目标的一句话概述能力。目标表达不清楚，理不清楚也讲不明白，更无法知道实现这个目标可以创造什么价值。
4. 缺少取舍判断能力。目标没有阶段性切分，也没有取舍，大包大揽放在一起，没有优先级，更没有考虑彼此间的协同性。

解决场景

这个阶段要完成的任务太多了。

可以按任务的优先级设定一个目标。

是的，我按排好的优先级设定了两个阶段性目标。

分阶段推进，点赞。

其实这两个目标我是有取舍的，考虑到我的精力，优先级不高的向后放。

来，一句话概述一下你的目标。

本周完成A、C、F 3个任务，下周完成B、D、E 3个任务，都可以在交付时间前完成任务。

我看这些任务的完成顺序还考虑了协作方的诉求，靠谱！

解决方案

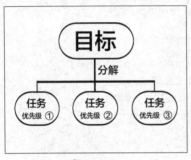

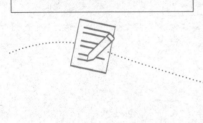

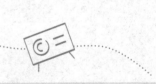

1. 提升目标设定能力。目标设定得越明确越好，因为目标明确才更清楚要怎么做，付出多大的努力才能达到目标。目标设定并非越难越好，目标的绝对难度越高，我们就越难实现它。因此，我们在设定目标时，要与自身能力相匹配。

2. 提升目标概述能力，包括目标的概括能力与目标的表达能力。对于目标，我们要能理得顺，分得清，这样才能讲得明白，讲得透彻，一句话讲到位。

3. 提升目标取舍判断能力。任务很多，诉求很多，但我们的精力和时间有限，在相同诉求时间内可以同时执行的任务更是有限，每一个任务结果的达成，都是拿我们的精力与时间去兑换的，因此要学会取舍，从而避免无效行动，降低试错成本。

6.5 行动五力保障之计划力

 问题场景

问题剖析

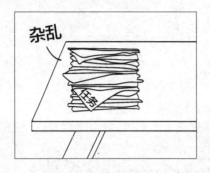

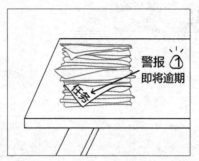

1. 任务估算不合理，缺乏可参照性，按催交付，估算失效，容易引起多方不满。
2. 任务拆分不到位，任务粒度过大，复杂度过高，交付节奏感不强，影响执行效率。
3. 多任务并行但其优先级不明确，容易造成执行混乱，顾此失彼。
4. 缺少任务计划表，交付节奏不明确，忽视交付计划的重要性。

解决场景

执行人

最近新学了类比估算，发现比以前估算得准确多了。

推进人

看来复盘还是有效果的，大家一直吐槽你估算不准。还有，你现在拆分任务吗？

执行人

那必须的，就是因为任务没拆分，细节考虑不到位，所以才估算得不准，现在拆分得可认真了。

推进人

还要感谢复盘，哈哈。

执行人

那必须的。我现在还做了任务计划表，按优先级和任务之间的依赖逻辑罗列，明确好交付时间和依赖关系。

推进人

计划力要起飞啊，下一个"任务王"就是你了。

解决方案

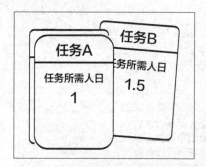
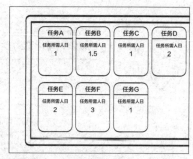

1. 提升任务拆分能力。细化任务粒度，我们要把握一个原则，每一个被拆分的小任务不建议大于1人日，拆分成小任务后，复杂度降低，反而更容易下手开干，从而提高执行效率，这样当天做完当天验收，可以更好地保证进度，防止拖拉。

2. 提升逻辑梳理能力。多任务并行时，借助逻辑关系图，厘清任务之间的逻辑关系，比如并列关系、递进关系、时间轴关系，使不同任务之间的衔接更加顺畅。

3. 提升估算能力。多用类比估算、三点估算等估算方法，提升估算的严肃性，让估算更加合理，更好地支撑计划的制定。

4. 提升全面计划能力。在面对纷至沓来的各方任务时，保持思路清晰，把任务列好，排好优先级，明确执行顺序和执行方案，制定出切合实际的计划，同时突出重点。

6.6　行动五力保障之执行力

 问题场景

 真没时间了，这个任务B还没有启动，能完得成吗？

截止时间是最好的生产力。对了，那个任务A我准备放弃了。

 为啥啊？

我考虑了一下，对任务A没兴趣，还有，需要的协作方太多，太难了。

 当时认领任务A时你也没反馈不行哦。

当时本来想着我一个人全栈能够解决，但是现在搞不定，还要协同前端，我不想协同太多人，太费劲。

 能不能克服一下？激励激励自己？

我又不是阿Q，还自己"打鸡血"啊？不喜欢的事真不想干，你让诉求人换别人吧。

问题剖析

1. 有拖延症，时间管理能力弱，缺乏执行力，不能有效、合理地按照既定节奏推进任务，直到最后一刻才启动任务。
2. 对任务缺乏激情，这也是缺乏意志力的表现，当顶不住压力，也不主动解决问题时，就会选择放弃。
3. 不愿意协作，总单打独斗，未发现协作的魅力，不知道通过协作可以弥补自身能力的不足。
4. 容易颓废，不会自我激励，在遇到问题时不能有效地自我调节情绪，从而影响到任务的执行，乃至项目目标的达成。

解决场景

项目经理

前几天看你情绪挺低落，今天看你状态不错啊。

执行人

前几天那个任务搞得我有点崩溃，后来看了《阿甘正传》，奖励自己吃了一块巧克力，好多了。

项目经理

可以啊，还会自我激励。你对本周的任务复盘有什么感想？

执行人

很有用，任务没搞定主要也是因为自己的时间管理能力还有待提升。

项目经理

是的，当时提醒你，你还说截止时间是最好的生产力，哈哈。

执行人

后面一定要做到合理安排时间，杜绝拖延症。

项目经理

工作中要学会协作，人无完人，还要尽量突破边界，不能不喜欢就撂挑子。

执行人

有时容易带情绪，后面要迎难而上，积极合作。

解决方案

1. 提升时间管理能力。时间管理可分为时间管理的效率和时间管理的效能两个方面，任务落地执行的时间管理之道应该是先提升时间管理的效能，再提高时间管理的效率。

2. 提升意志力。一要有激情，二要会坚韧，激情加坚韧共同融合成意志力。从任务执行的视角来讲，我们既然认领了任务，不管在执行的过程中遇到多大的困难，也能顶得住压力，迎难而上，主动解决问题，不放弃，尽最大的努力把任务高品质交付。

3. 提升协作能力。及时表达合作意愿，协作可以提高彼此的工作效率，弥补各自的不足，可以更好地获取更多的资源，解决资源瓶颈问题。

4. 提升自我激励能力。直白地讲，就是自己"打鸡血"，同时执行人要有一点"阿Q精神"，当然自我激励和异想天开是不一样的，自我激励是有尺度的，要控制一个合理的度，主要是学会自我肯定，自我表扬，在情绪低落时能自我调节。

6.7　行动五力保障之公开力

 问题场景

问题剖析

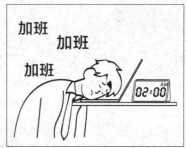

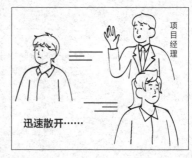

1. 每个人所认领的任务像个黑盒，旱涝不均，有些人忙，有些人闲，任务认领不公开，容易引起项目成员的疑惑。

2. 任务目标不明确，包括交付的及时率、每个人每个阶段交付的数量，都不清晰，也没有公共的看板可以查看，缺乏目标牵引。

3. 交付进度不公开，不能有效地发现可能存在的交付风险，也不能预防逾期情况的发生，影响任务的交付效率。

4. 任务完成结果不公开，缺乏公众监督，不能有效发挥群众的监督力量，也不能很方便地查人、查事、查标准、查时间、查结果。

解决场景

推进人：咱们团队当前一共有58个任务，其中阿甘有5个，阿楷有……

执行人：看来大家任务都差不多，工作量还行。

推进人：咱们本周的目标是所有待交付任务100％准时、高品质交付，每个人合理安排一下进度哦。

执行人：放心，目标定了，一定做到。

推进人：我们做了一个物理看板，上面有燃尽图，每天早上开早会时，大家更新一下自己任务的完成情况，全员公开燃尽图，咱们透明化管理进度。

执行人：有点害怕，这是进度落后要统晒啊。

推进人：哈哈，接受群众的监督。任务完成的结果要先回复再单击"完成"按钮，结果全员可查，大家记得开一下权限。

执行人：看来这交付品质要保障了，要不然被查到，可就丢人了。

解决方案

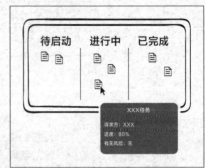

1. 任务公开。每个项目成员认领了多少个任务，每个任务的完成时间、工作量评估清晰可见，在线化实现全员任务公开。

2. 目标公开。当前项目计划交付多少个任务、交付及时率多少，每个项目成员本阶段的交付目标是什么，全员任务公开可见，并且每周项目周会上统晒。

3. 进度公开。每日通过日会同步所有任务的进展，及时更新燃尽图，可发现潜在的交付逾期风险，并通过物理看板呈现，全员任务公开可见。

4. 结果公开。结果登记到在线项目管理软件，开放全员权限，可以查看完成结果，在获取可用信息的同时，也可以互相检查完成的效果。

6.8 行动五力保障之迭代力

 问题场景

执行人：任务需求经常变，今天要这个，明天要那个，能不能调研清楚了再要？

参与人：我也觉得诉求人在瞎搞，自己都搞不清，还在那里乱喊。

执行人：天天讲拥抱变化，让他自己试试变化啥滋味。

参与人：拥抱变化就是给自己的失误找借口。

执行人：还有这新的任务需求要用新的技术、新的架构，我也不会。

参与人：现在技术迭代太快，我们就不追赶了，都一把年纪了，新东西交给新人探索吧。

执行人：咱们技术人员确实是吃"青春饭"的，我也不想学，用现在的技术不是挺好的。

参与人：革新技术就是"革"我们命。

问题剖析

1. 不欢迎变化，没有看到变化的价值。市场在变，用户在变，需求自然在变，唯有提高交付频次，缩短交付时长，尽早交付才是明智的。否则拒绝变化的结果只有被客户弃用，被市场淘汰。

2. 没有自我革新的观念。内心是抗拒改变自己的，沉浸在自己的"技术世界"中，不思进取，同时在认知层面存在问题。

3. 不想持续迭代自我。在已经知道技术持续更新的大背景下，依然不愿意自我成长，迭代自己的技术能力。

4. 没有主动学习的成长动力。以讹传讹，片面认为技术人员是吃"青春饭"的，没有看到技术人员的成长性与积累经验的重要性。

解决场景

执行人

我参加了这次的用户访谈，感觉这个任务用新方案实现在体验上会更好。

参与人

现在要变方案？前面的工作不是白做了？

执行人

是啊，但是我判断变化的价值更大，要是按旧方案做出来，可能用户根本不买账。

参与人

佩服，新方案要用到新技术，看来我们的技术能力也该迭代升级了。

执行人

是的，要用到新架构和算法，咱们以前的任务还没接触过算法。

参与人

是的，那我们也借助这个任务自我革新一下，不论是从能力上还是行动上。

执行人

好的，我已经约了技术"大牛"，晚上一起聊聊新架构和适用的算法模型。

参与人

好的啊，靠谱，一起学习，一起迭代成长。

解决方案

齐头并进

1. 心态上拥抱变化。跨过心理舒适区，用积极的态度去迎接变化，真正的自我迭代与成长就是要敢于面对变化，拥抱变化，并不断打破成规，自我迭代与革新。

2. 观念上自我革新。即自己进行改革、更新、变革。与自我迭代相比，自我革新是一种彻头彻尾的改变，是颠覆式的变化。

3. 行动上持续迭代。影响行动的包括能力、喜好、思维方式，能力不足则持续拓展新技能，思维方式落后则学会转换思维方式，不断刷新自我认知。

4. 成长上主动学习。要学会做一个主动的人，主动接受改变，主动学习，持续学习，看一些新的东西，接受新鲜的观点和理论。

第 7 章　机制推送

请问在任务推送前我们需要关注些什么事项啊?

任务推送前我们可以检查任务书写的格式是否符合Action35模型的要求,任务是否可以通过在线系统推送,并做好将任务与诉求人、执行人、参与人确认的工作。

我们记录的任务能不能隔几天再推送?手上有很多事情。

任务要及时推送,会上记录的任务直接在会上完成确认,会议结束后立马推送任务到执行人、参与人并同步诉求人。

一个个选参与人好麻烦,我直接把任务丢到项目群或是推送对象选择全员可以吧?

要精确任务的推送范围,只让相关人员接收到任务,不要打扰与任务不相关的人员。

我把任务整理成任务列表,然后通过邮件发送给了所有执行人与参与人。

建议使用在线系统进行任务推送,每个任务单独推送,不要群发。

任务要按照既定的机制进行推送,但是作为任务的推送者,对于推送前的任务格式化、三方确认、任务推送的时机、任务推送的范围、任务推送的方式几个方面还存在诸多疑问,影响到了任务执行的结果与效率。

7.1   推送前瞻之任务格式化

  问题场景

我感觉这个任务记录得一塌糊涂，看完我根本不知道要做什么，是不是要我做。

任务记录的事项要清晰、具体、明确、可实现，要指定唯一的负责人，不能指定一堆人完成，并且要明确任务的完成时间。

感觉这个任务推送得好不正式，就给我发了一条消息，就让我干，莫名其妙。

把任务记录到在线项目管理软件中，然后通过系统进行推送，可以方便进行在线协同，跟踪任务进展，推荐使用。

他记录、推送不正规，那我也学他，我就随便告诉他我完成就行了，大家都互相糊弄一下。

要先回复任务完成的结果，才能回复任务完成，并且任务的结果能够经得起复查，这样才符合任务的完成规范。

问题剖析

1. 任务书写没有格式化。所表述的事、人、时不准确或有元素缺失，特别是记录的任务本身没有达到具体、明确、独立、可实现的基本要求，不符合任务书写格式化的要求。

2. 任务推送没有格式化。通过消息、邮件等方式随意推送，不仅不方便跟进，也不方便协同，任务信息也不能便捷地触达到执行人，也不方便一键生成任务燃尽图，全局了解任务的完成情况。

3. 任务完成没有格式化。任务结果的诉求人与执行人之间不能很好地完成握手动作，相互糊弄，对彼此不满意，所以任务完成也要格式化，要先回复结果才能标注完成。

解决场景

 你看这个任务记录得怎么样？【20230817/项目集A/项目B/计划/TL保存】产出项目B的沟通计划，同步给保存，2023081817，@阿甘。

这个任务记录得符合Action35模型的要求，3个元素清晰，点赞！

 这个任务是通过钉钉任务推送给我的，直接放在了我的钉钉待办列表中，方便我自己查找完成，也方便告知诉求方。

这就是信息化系统的魅力，记录便捷，在线提醒，多方协作，信息同步，点赞！

 我按照约定时间准时产出了项目B的沟通计划，并且放在任务附件当中，与诉求人确认后才单击了"完成"按钮。

你完成后，系统会发送一条通知，诉求方就可以收到你的完成信息，也可以在附件中查看沟通计划，点赞！

解决方案

1. 格式化。任务的格式化由书写格式化、推送格式化、完成格式化 3 部分组成，要符合 Action35 模型的要求。
2. 在线化。任务的记录、推送要使用在线项目管理软件，完成的内容也要在软件中留痕。
3. 确认化。任务完成要先回复完成结果，与诉求人确认后，才可单击"完成"按钮。

7.2 推送前瞻之三方确认

 问题场景

诉求人

> 这个任务完成的结果根本不是我想要的啊！

> 当时记录的任务内容和要交付的结果及对应结果的检查标准你知道不？有没有与记录人沟通确认一下？

项目经理

诉求人

> 没有哦……

执行人

> 这个任务派送得莫名其妙，从我的能力和时间上来说，都不可能完成啊！

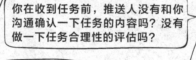

> 你在收到任务前，推送人没有和你沟通确认一下任务的内容吗？没有做一下任务合理性的评估吗？

执行人

> 没有哦……

参与人

> 我根本不知道我需要在这个任务执行过程中配合什么！

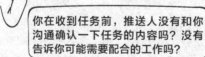

> 你在收到任务前，推送人没有和你沟通确认一下任务的内容吗？没有告诉你可能需要配合的工作吗？

项目经理

参与人

> 没有哦……

问题剖析

1. 没有与诉求人确认记录的任务内容及执行的结果是不是其所想要的，如果任务执行的结果不是其所想要的，那就会产生很多的资源浪费。
2. 没有与执行人确认任务是否可执行，其时间和能力是否匹配，有没有什么风险，可否给出承诺保障，当然也没有告知任务的推送方式、验收标准、回复的注意事项等。
3. 没有与参与人确认，也没有告知其在当前任务中可能要配合的事项，虽然其不是主负责人，但也有配合执行人完成任务的职责。

解决场景

记录人

你希望阿甘在2023年8月18日17点前产出项目B的沟通计划对吧？

是的，沟通计划产出后，让他尽快发我啊，并钉钉通知我一下。

诉求人保存

记录人

保存希望你在2023年8月18日17点前产出项目B的沟通计划，你看是否可以？

好的，没问题，我尽快基于项目B的实际情况，产出一份高质量的沟通计划。

执行人阿甘

记录人

保存希望阿甘在2023年8月18日17点前产出项目B的沟通计划，阿甘可能需要你的帮助，你到时是否能配合支持一下？

好的，没问题，我去给阿甘提供一些项目输入资料。

参与人

推送人/记录人

好的，谢谢，那我马上以钉钉待办的形式把这个任务推送给三位，明确好诉求人、执行人、参与人、完成时间。有问题随时沟通。

收到！

参与人　执行人　诉求人

解决方案

1. 诉求人与产生人有可能是同一个人，记录人需要与其确认记录的任务是否准确，期望结果可能通过什么样的形式验证。
2. 记录人需要与执行人、参与人确认，其记录的执行人与参与人是否愿意承接，是否有能力在要求的时间完成，并反馈给诉求人。
3. 记录人与推送人有可能是同一个人，在任务与三方确认完成后，要及时通过在线系统进行推送，确保任务信息触达的准确性、及时性。

7.3　推送时机

 问题场景

执行人

上周开会记录的任务，你现在才推送给我，现在离任务截止时间还有1小时，你说我能完成吗？

……对不起，我推送晚了。

推送人

执行人

这个任务我大概有印象，但是时间长了，具体的要求细节我记不清楚了，你能再给我讲一下吗？

……，对不起，时间太长，我也记不清楚了。

推送人

执行人

这个任务是不是不重要啊？这么长时间，都没有推送给我，我以为不做了。我就做其他高优先级的任务了。

……这个任务很重要的，能不能加班紧急做做？

推送人

执行人

……，我想发飙！！

问题剖析

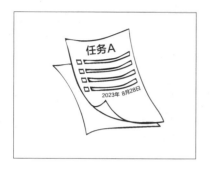

1. 执行人接到任务推送时间与任务完成时间的间隔很短，任务根本无法按要求时间完成。

2. 因为任务产生时间与任务推送时间的间隔过长，执行人与推送人对任务细节遗忘，需要重新澄清，也会影响到任务的高效执行。

3. 因为延迟推送，让执行人误判，以为这个任务不重要，去执行其他高优先级任务，影响了任务的完成。

综上所述，推送不及时是造成本次问题的根源，也是后期要极力避免的。

解决场景

刚刚你参加的会上产生了一个需要你完成的任务，任务的内容、要求、完成时间你是否觉得可以？

可以的，任务的内容、要求和完成的时间我都同意。

那我现在以钉钉任务的形式推送给你。

好的，可以。

刚我给你推送的钉钉任务你收到了吗？

收到了，我会按约定时间尽快完成。

好的，我也设置了自动提醒，系统也会提前提醒你，完成后记得先回复结果再单击"完成"按钮哦。

好的，没问题，遵守规范。

解决方案

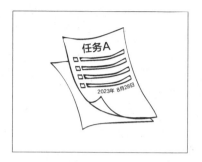

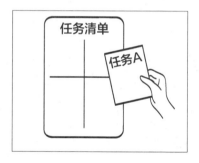

1. 推送及时意味着从任务产生到任务推送的时间间隔比较短,所有任务干系人对任务的内容比较熟悉,避免了因等待时间过长,细节被遗忘,出现扯皮的现象。

2. 任务产生后的及时推送也保障了任务的时效性,越早让执行人接收到任务,越容易引起其重视,也可以使执行人更好地把任务排入其日常计划中,防止执行的遗漏。

3. 及时推送也是行动力和执行效率的体现,越及时,说明团队的执行力越强,能够更快地把诉求转化为行动事项,落地能力越强。

7.4　推送范围

阿甘：推送给我的任务上写了两个负责人，我和阿光，阿光是主负责人吧？

推送人：不不，你是主负责人，你对结果负责，阿光只是参与人。

阿光：上次开会定的任务还没有推送给我，是不是不需要我做什么？

推送人：抱歉，忘记推送给你了，你要参与协作的。

诉求人：请问我的任务现在是什么进度？我看不到进展。

推送人：抱歉，推送时忘记加你了，马上加，然后你就可以看到进度反馈了。

团队其他成员：这个任务与我无关，为什么要推送给我啊，好多消息提醒，都打扰到我了。

推送人：抱歉，一不小心推送对象选择了全员，我马上撤回。

问题剖析

1. 不能有效地区分谁是任务的主负责人，未进行主负责人即执行人的锁定。
2. 未推送任务给参与人，参与人不知道自己的角色职责，甚至不知道自己要不要参与到这个任务中。
3. 推送信息未抄送给诉求人，诉求人不清楚任务的进展，基于在线系统也不知道任务的协同进展信息。
4. 任务推送给了全员，未进行有效的过滤，对非任务干系人造成了困扰。

解决场景

推送人

这个任务你是主负责人，也是唯一的负责人。

好的，我会负责到底。

执行人

推送人

这个任务你是参与人，如果执行人有需要，请协助一下。

好的，一定尽力配合。

参与人

推送人

这个任务抄送给你了，后期任务有状态更新，你会第一时间收到信息。

好的，谢谢，刚收到一条任务开始的通知，很便捷。

诉求人

推送范围规则明确后，发现现在只会收到与自己相关的任务了。

是的，不再被各种不相关任务打扰太幸福了。

团队其他成员

解决场景

1.一个任务只有一个主负责人，明确其对任务结果负责。

2.一个任务可以有参与人，但是不用对任务结果负责，只是协助角色。

3.任务推送需要抄送给诉求人，让诉求人感知任务的推进情况。

4.禁止任务未经过滤进行全员推送。

7.5 推送方式

推送人：我把任务分条记录在了Excel表格当中，然后通过钉钉发给你了。

执行人：都什么年代了，还记录在离线文档，太不方便协作了。

推送人：我把任务写在了邮件当中，已经发送给你了。

执行人：这也太不便捷了吧！难道我完成还要回复你邮件？

推送人：我把任务通过钉钉消息直接发送给你了。

执行人：消息一会儿就被淹没了，后面怎么查？

推送人：嗯……

问题剖析

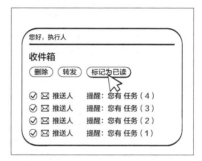

1. 使用离线 Excel 表格或 Word 文档推送任务，不方便在线协同，也不方便多方查看与更新，信息同步效率低。

2. 使用邮件推送任务缺乏互动，也无法建立任务的高效反馈机制，很容易出现邮件信息已送达，但是具体内容根本未真读的情况。

3. 直接通过钉钉消息方式推送任务，任务会被淹没在信息的洪流中，比较难被查到和关注，执行的效果也会大打折扣。这种方式的推送虽然比较直接，但依然容易被忽略，不推荐。

📋 **解决场景**

推送人

> 我把任务记录在钉钉待办当中，然后推送给你。

> 可以的，喜欢这种互动式的推送方式。

执行人

推送人

> 我把任务记录在禅道当中，然后推送给你。

> 好的，这样方便在线协作。

执行人

推进人

> 是的，使用钉钉待办或禅道这种在线系统，不仅方便推送任务，还方便在线跟进。

> 是的，我们也可以在系统上设置定时提醒、添加备注、细化拆分等。

执行人

推进人

> 是的，我还可以在上面设置任务分组，生成自动报表，查看完成情况。

> 使用在线系统的互动式推送就是好。

执行人

解决方案

在线系统的选型原则：

便捷推送

方便跟进

定时提醒

可反馈回复

1. 不建议使用记录式推送方式，建议使用互动式推送方式。
2. 建议使用办公软件或是辅助的在线项目管理软件进行任务的推送与跟进。
3. 推荐使用钉钉的项目群功能或是禅道的项目管理功能。
4. 在线系统的选型以便捷推送、方便跟进、定时提醒、可反馈回复为原则。

第8章 规则推进

任务是否要按一定的规则推进?

是的,要遵循逾期规则、回复规则、改期规则、提醒规则、公开规则

那在任务推进主体上是否有明确要求?

项目经理等相关负责人都可以成为推进主体,但要明确好。

为了增强推进效果,推进软实力方面有什么建议吗?

可以重点提升个人影响力、沟通能力、借势能力、解决问题的能力。

对于任务完成结果有什么要求?

一定要保障任务交付结果的品质,使其经得起复查。

任务要按一定的规则推进,这是保障任务准时、高品质交付的五大保障之一,但是在推进时,团队往往不明确逾期规则、回复规则、改期规则、提醒规则、公开规则。团队成员经常犯错误,并且团队成员在软实力方面也欠缺能力,导致任务推进不顺畅:不知道向在线项目管理软件借力,推进效率低下;经常在推进上有延迟,产生等待时间的浪费;推进的结果不知道收录汇编,高价值信息容易流失。因此任务推进方面临诸多问题亟待解决。

8.1 逾期规则

 问题场景

请问这个任务完成了吗？
已经到了约定的下班时间。

现在才18点，我都是23点才下班，
再等一会儿啊。

现在都23点了，
任务完成了吗？

抱歉，这个任务难度超出
了我的评估，23点完成不
了，小事情，明天弄吧。

没有按时完成任务，
要罚款50元。

原来也没说完成不了要罚款
啊，我都不知道这规则。

⏰ 问题剖析

1. 对于完成时间点定义模糊，不同人员对于下班时间的理解存在差异，因此对判断任务是否逾期造成了困扰。
2. 任务逾期没有立马升级为风险，也没有匹配对应的风险应对策略，企图拖延，不采取对应的补救措施。
3. 前期没有定义和明确好逾期规则，等出现逾期现象了，临时抱佛脚，才想到惩罚办法，缺乏公信力，团队成员不认、不服该办法，出现了扯皮现象。

解决场景

这个任务需要在2023年8月18日18点前完成。

好的，我会在18点前完成任务，同步诉求人完成的结果。

如果任务执行过程中发现进度有问题，评估不能如期交付，请立马同步我一下。

好的，我这边也制定了风险应对策略，如进度有问题，我会加班完成。

一个任务逾期完成需要缴纳50元团建费，这个没问题吧？当然，惩罚不是目的。

好的，理解的，我会全力保证任务准时、高品质交付。

解决方案

1. 推送的任务要标注准确、完整的完成时间，并与执行人确认好，保证双方理解一致。
2. 执行人与诉求人都要制定风险应对策略，理性评估逾期风险，做到及时发现风险，及时采取补救措施。
3. 可以制定逾期规则与惩罚办法，但需要提前定义和明确好，并提前告知执行人。

8.2 回复规则

 问题场景

 我刚收到了任务完成的提醒，但是没有看到回复的任务结果哦。

原来也没要求强制回复哦，任务我肯定保质保量完成了。

 你只回复了"已完成"三个字，没有回复任务要求的具体结果，我要的是调研报告，不是"已完成"三个字。

看来我们对回复的理解存在偏差。

 系统提醒我任务在两天前就完成了，但是我刚刚才收到你回复的任务结果。

抱歉，忘记了，后面想起来才补的。

问题剖析

1. 不回复任务结果，直接单击了任务"完成"按钮，诉求人并不知道任务是否真正地完成，需索要完成的结果，这增加了沟通成本。
2. 对回复的内容存在理解上的偏差，团队前期可能没有对任务完成后回复的原则达成共识。
3. 回复时间迟滞，严重滞后于任务"完成"按钮的单击时间，影响到回复内容的及时获取。

解决场景

推送人

刚以钉钉待办的形式给你推送了一个任务，收到了吧？

执行人

收到了，我会按照咱们协商一致的时间准时、高品质完成任务。

推送人

好的，任务要先回复完成的结果再单击"完成"按钮哦，回复内容的后面@到具体的诉求人。

执行人

好的，没问题。

诉求人

你这个任务完成得及时且品质高，我先收到回复的结果，查看了没有问题反馈你后，我才收到了任务完成的提醒。

执行人

谢谢，团队前期约定的任务回复规则，一定遵守。

解决方案

1. 强调回复原则。回复是任务完成前必须执行的动作，任务完成的前提就是先回复结果，只有先回复结果，诉求人确认没有问题，才能单击"完成"按钮，不回复结果就单击"完成"按钮是不符合规则要求的。
2. 明确回复内容。回复的内容需要与任务事件本身呼应，回复内容涉及的是任务执行的结果，即任务的完成情况。
3. 回复时间精准。多数任务只有进行中和已完成两个状态，没有明显的准备开始的状态，因此我们需要把任务结果的回复时间，放在把任务状态标识为"已完成"状态之前。

8.3 改期规则

推进人

这个任务的完成时间
为什么突然延后啊？

我重新评估了一下工作量，
按原来的时间完不成。

执行人

推进人

你这一改期，下游协作方还在等着，
协作事项无法正常启动，会产生等待
时间的浪费啊！

哦，我也没意识到改期带来的
不良影响，我再评估一下。

执行人

推进人

现在节奏全乱了，原来的协作
计划咱们也要调整一下。

我这边延后两天，情况特殊，下游
协作方加个班，压缩一下时间吧，
这样还可以按总计划时间交付。

执行人

推进人

你这突然改期，也没有告知团队，
下游协作方还在傻傻等着。

系统不是有提醒吗？我想着这边
一改期，你们就收到提醒了。

执行人

问题剖析

1. 团队前期没有定义改期规则，团队成员不知道在什么情况下可以改期，在什么情况下不可以改期。
2. 改期前未评估改期带来的风险，产生等待时间的浪费，造成协作困难，并且未明确改期的必要性与价值。
3. 改期时间未与协作团队商议，打乱了整个协作计划，影响到相关任务的推进，在未对齐新节奏的情况下，武断要求下游协作方加班。
4. 未进行改期结果的专项告知，下游协作方及横向支撑人员都不知道改期了，这样做没有考虑协作方的感受，也没有起到相应的提醒、通知义务。

解决场景

推送人

刚给你推送了任务，推进过程中如要改期，请遵守咱们的改期原则哦。

执行人

改期规则团队宣讲过，一定遵守。

执行人

有一个紧急的高优先级任务插进来，我评估了一下影响，这个任务可能逾期两天，我愿意加班弥补1天的差距。

诉求人

我去找下游协作方，毕竟延迟了1天他的启动时间，看可否愿意通过加班来消除这1天的差距。

执行人

好的，这样的话，我们调整一下协同计划，把衔接时间微调一下。

诉求人

可以的，我拉你们重新对齐一下。

执行人

这次改期的影响可控，我把影响和结果除了同步你，也告知了下游协作方及横向支撑人员。

诉求人

给你点赞，喜欢这种有评估、有结果、有节奏的推进。

1. 明确改期规则。明确什么情况是可以改期的，什么情况是不可以改期的，定义一个达成共识的改期规则。

2. 评估改期影响。分析改期的必要性，把改期的价值与执行原计划的价值放在天平的两端，做出最贴合实际情况的评估与选择。

3. 调整协同计划。基于排期规则，确认可以改期后，原有节奏会打乱，需重新排布，让各域、各团队的节奏重新对齐衔接好。

4. 安排专项告知。告知可以分成三次，第一次是在要改期时，第二次是将评估后的改期影响同步到任务干系人，第三次是将改期的结论及计划调整最终以报告的形式同步到任务干系人。

8.4 提醒规则

 问题场景

每天收到一堆任务催办信息，好烦啊，严重打扰了我的工作，直接忽略。

都说好了会设置自动循环提醒，也是希望你尽快完成任务啊。

临期的任务能否通过人工的方式给我发条消息，自动提醒太多，重要信息都被淹没了。

你自己也要引起重视，我尽力吧。

上午大家都在开会，你这一会儿一个提醒，还弹窗显示，能不能改成下午提醒大家啊？

哦，我想着上午信息触达和被打开的概率会更高。

大家都在提醒我，问我这个任务的进度，我是不是要重复好多次啊，能不能明确一个主要的推进人？

主要是我在推进，我和诉求人也说一下。

问题剖析

1. 提醒方式过于机械、不灵活，让执行人感觉不舒服，产生了抗拒心理。
2. 提醒消息被冲淡或被淹没，没有起到应有的提醒效果，忽视了人工提醒的互动优势。
3. 提醒时间设置不合理，打扰执行人的正常工作，引起了执行人的误解，友善提醒变"夺命连环催"。
4. 提醒人员不明确，多人重复跟进，同一条信息多方重复发。

解决场景

推进人：每周四16点由你负责任务的钉钉自动提醒，你看可以吗？

执行人：这个时间可以的。

推进人：请问这个任务完成了吗？还有1小时就到约定的完成时间了，请先回复完成结果再单击任务"完成"按钮。

执行人：谢谢提醒，这个任务已经完成了，我现在先回复一下，然后再单击"完成"按钮。

推进人：这个任务按约定准时、高品质完成，给你点赞。

执行人：全程只和你一人对接，只有你一人提醒，感觉轻松了很多，所以完成得也顺利。

1. 定义提醒方式。建议采用人工提醒和自动提醒相结合的提醒方式，人工提醒属于友善提醒，比较有人情味，可以增强互动性，自动提醒操作便捷，可以自动、定时、重复提醒。

2. 明确提醒时间。建议至少提醒两次：第一次放在任务完成前两天，这一天的提醒，建议放在16点；第二次是任务结束前1小时。

3. 落实提醒人员。任务的推进人是任务提醒的主要负责人，在特殊情况下，任务的产生人、诉求人、推送人也可以负责任务的提醒工作。因此，可以考虑作为提醒人员的排序是推进人、推送人、诉求人、产生人。

8.5 公开规则

项目成员

这么长时间了，还没有看到过项目团队内完整的任务进展报告哦，也不知道整体达成情况如何。

推进人

哦，不是各自查看各自的吗？

项目成员

发到群里面的任务进展报告都打不开，这不是做做样子吗？

推进人

因为没有与你相关的任务，所以你没有权限查看。

项目成员

那个任务还在修改完善中，报告上竟然标注已经完成了。

推进人

执行人告诉我已经完成了。

诉求人

这个任务我看状态已经完成了，我检查了一下，发现这个结果完全不符合预期。

推进人

不会吧？这么不靠谱？

⏰ 问题剖析

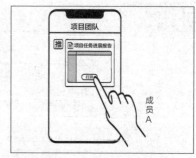

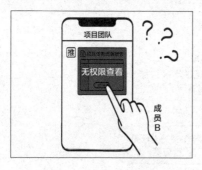

1. 全量任务进展报告的公开渠道没有明确，项目成员不知道有没有全量任务进展报告，也不知道在哪里查看全量任务进展报告。

2. 任务进展报告的查看权限设置有问题，项目成员没有访问权限，缺乏有效的公开监督。

3. 公开的任务进展报告数据存在问题，与真实情况不符，引起了项目成员的猜疑。

4. 任务完成的结果不符合预期，完成品质不高，没有保质保量完成，经不起复查。

解决场景

推进人：我每周会发送项目的全量任务进展报告到项目大群，请务必及时更新任务状态，保证其真实、准确。

执行人：好的，我会及时更新任务状态。

推进人：刚发送到项目大群的全量任务进展报告已给全员开放查看权限，请各位查收。

项目成员：这个报告写得很清楚、很及时啊。你看我们的任务刚完成，报告上已经体现出来了。

推进人：那是必须的，我要保障透传内容的真实、准确、及时。

项目成员：厉害！

推进人：还有啊，大家完成的任务结果不能遮遮掩掩，不能弄虚作假，发现造假，要严惩的，任务要经得起复查。

项目成员：放心，我们完成的任务结果支持线上系统验证，保证质量。

解决方案

1. 明确公开渠道。建议信息公开到所有团队成员都可以看到的空间内，如钉钉群、微信群、喧喧，或是其他IM（instant messaging，即时通信）软件上组成的团队群，完成信息的实时共享互通。
2. 明确公开内容。项目团队内任务公开，目的是透明化、公开化任务的进度情况，辅助增强提示效果。
3. 保证数据真实。公开出来的必须是真实数据、真实的完成情况与完成结果，不能遮遮掩掩，不能弄虚作假，发现造假，必须严惩。
4. 允许数据复查。不定时随机抽检某一个任务数据，起到警示和风险防控的效果，从而保证公开出来的数据是真实的、靠谱的。

8.6 明确推进主体

问题场景

诉求人

请问这个任务的推进情况如何？是否可以如约完成？

项目经理

我不可能事无巨细地看到每一个任务，你去问一下阿甘吧。

诉求人

请问这个任务的推进情况如何？是否可以如约完成？

阿甘

这个任务不是我推进的哦，所以我没有感知到这个任务的存在。

诉求人

请问这个任务的推进情况如何？是否可以如约完成？

产品经理

这是一个产品域的任务，但是我想会由阿甘来推进，所以我就没管。

诉求人

请问这个任务的推进情况如何？是否可以如约完成？

测试经理

我是推进人，但是我忘记了，所以我不太清楚进展情况。

问题剖析

1. 推进职责不明确。不知道或不认可自己是推进人，不知道推进人要干点什么。
2. 没有明确推进角色。在项目团队中，未明确哪个角色负责任务的推进工作。
3. 未履行推进义务。明明知道自己是推进人，但是没有做推进的工作，也不知道自己推进的任务的具体进展。
4. 没有主动反馈推进结果。推进人自己都不知道结果，更没有把结果主动同步到诉求人。

解决场景

项目经理：我会来推进这个任务的落地，中间有问题随时找我。

诉求人：好的，项目经理用心把控全项目，相信定能做好。

阿甘：我会来推进这个任务的落地，中间有问题随时找我。

诉求人：好的，阿甘协调多方，后面知道找你了解进度了。

产品经理：我会来推进这个任务的落地，中间有问题随时找我。

诉求人：好的，这个产品域的问题就辛苦你推进了。

测试经理：我会来统一推进项目任务的落地，任务进展信息我统一收口，减少各方对你的打扰。

执行人：好的，明确推进主体，这样我就不需要把同一条信息讲几遍了。

解决方案

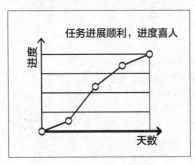

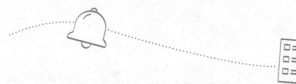

1. 明确推进职责。在组织内部明确推进人的职责，负责任务的向前推进，跟进并催促任务的落地达成，阶段性地反馈任务的进展情况，同步到任务干系人。
2. 建议推进角色。项目经理、产品经理、测试经理都是比较适合的推进角色，有些角色适合全域，有些角色适合专业域，可以灵活选择。
3. 确定推进主体。在项目团队内部明确好具体角色来推进任务，或是当一个任务产生后，直接与执行人、诉求人明确谁来推进这个任务。
4. 履行推进义务。推进人要通过自动提醒与人工提醒两种方式推进任务，发现并协助解决推进中的风险，全力推进任务的达成。
5. 反馈推进结果。推进人要及时同步任务的进展状态给任务干系人，也可通过发送任务进展报告的形式，把任务进展同步给任务干系人。

8.7 增强推进软实力

 问题场景

🕐 问题剖析

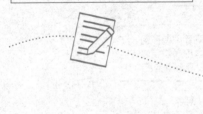

1. 在团队中形象不好。推进人不靠谱、不可信，团队成员就不愿意与其合作，缺乏公信力与影响力。
2. 不会借势，乱借势。推进人不仅没有起到积极的影响，反而引起了执行人的反感。
3. 沟通能力比较弱。推进人缺乏共情能力，不会倾听，说得多，听得少，未能展现出沟通中的真心诚意。
4. 缺乏解决问题的能力。推进人只会跟、盯、催，在执行人遇到困难时不能主动上前帮助，反而在抱怨。
5. 处理问题上有失公允，引起团队成员的误解。推进人不能客观地对待团队成员，未做到公正、公开。

解决场景

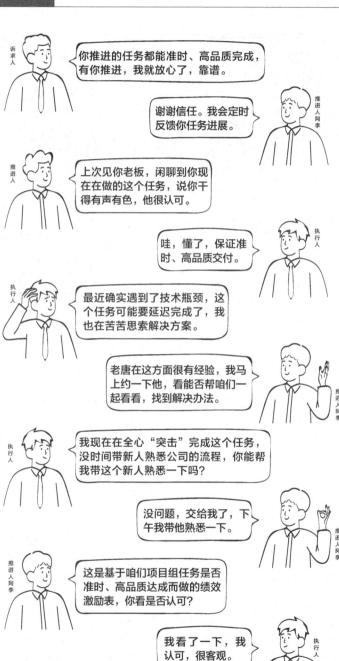

解决方案

1. 增强影响力。提高自己的靠谱度，提升团队成员对自己的信心，因为这种信任让执行人觉得这件事做起来是有意义的、有价值的，是能够达成事项的既定目标的。

2. 学会借势。借势一共有两种，一种是那种非常含蓄的、非常隐晦的、默默的借势授权，另一种是做事的时候直接拿到正式公文的授权。

3. 提升沟通能力。沟通能力强的人，具备的第一个特质是共情能力，一个人共情能力越强，沟通能力则越强，要做到共情，我们就要学会倾听，学会管理自己的情绪，在沟通的过程中专注地倾听对方的表达，抓住对方的需求，多听少说，放下自我的看法和情绪，沟通能力就会得到有效提升。

4. 掌握解决问题的方法。运用规则、一定的程序方法等对客观问题进行分析并提出解决方案，在执行人无助时，可以找到方法帮他一起解决，而不是干等着说这事情是你负责的，跟我没有关系。

5. 树立客观公正力。客观对待每一个人，竭力避免利益绑定，杜绝在推进的过程中发生偏袒，在处理任何事情的时候都公正、公开。

8.8 借力在线项目管理软件

 问题场景

⏰ 问题剖析

1. 使用离线文档记录任务。不方便进行在线协作、跟进，存在重复劳动的可能性。
2. 批量推送任务清单，未做到专人专属的任务单独推送，对执行人不友好。
3. 不知道使用在线项目管理软件，或者未使用自动化提醒功能，工作效率低，体验不好。
4. 缺乏任务全生命周期的互动反馈记录，或记录未与任务进行专属绑定，信息不同步。
5. 不能做到任务完成情况的自动化统计，不能自动化产出实时报表，统计周期长且效率低。

解决场景

解决方案

1. 选定在线项目管理软件。团队可以提前选定在线项目管理软件或类在线项目管理软件 App，如禅道、飞书、钉钉等，任何一个都行，建议一定要有。

2. 借助在线项目管理软件进行任务记录。做到任务记录在线化，保障任务必须记录在团队选定的在线项目管理软件上。

3. 通过在线项目管理软件进行任务的推送。做到任务推送的及时，保证推送的唯一性、专人专属、单独触达。

4. 使用在线项目管理软件进行提醒。在在线项目管理软件上设置自动化提醒，定时、定频提醒，提高推进效率。

5. 借助在线项目管理软件进行互动反馈。互动与反馈统一使用在线项目管理软件上的评论或备注功能，与任务绑定，做到互动有记录、可回溯。

6. 借助在线项目管理软件进行快捷统计。设置适用本团队的专属统计指标与报表，做到任务的及时更新、在线统计、秒级反馈。

8.9 及时推进助力消除等待时间的浪费

 问题场景

问题剖析

1. 推进人没有提前催促执行人尽快完成任务，而是等到诉求人要结果时才想起来要去催，已经滞后。

2. 推进人未意识到等待会产生巨大的等待时间的浪费，这种不可预期的空档造成的人员无法及时腾挪安排，必然会引起人员的等待时间的浪费，这种等待是偏离计划的，是不合理，是需要预防和控制的。

3. 执行人内部驱动力不足，内心缺乏责任感、主人翁意识，未认识到任务的重要性及对整个团队目标的影响。

4. 团队没有明确产出防拖延公约，比如当发生风险的时候我们要求在多长时间之内解决风险，比如当彼此之间有诉求的时候，我们要求彼此之间在多长时间之内给出执行的承诺。

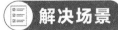 **解决场景**

项目经理

这是咱们团队的任务防拖延公约，辛苦各位务必按照约定时间高品质完成任务。

好的，项目经理用心把控全项目，相信一定能做好。

项目成员

是的，拖延带来的等待会影响到上下游的协同，比如A、B、C、D、E、F、G各任务之间是串行的关系，当A没有完成时，B不能开始，因为B没有完成，所以C不能开始。

项目经理

懂了，我们要守约，避免产生等待时间的浪费。

项目成员

现在任务推进顺利，预计任务可以提前完成。

推进人

你这推进很积极、给力啊。

诉求人

这个任务我已经按照约定时间完成了，并且完成的结果也在线回复了哦。

执行人

靠谱！给你点赞。

推进人

解决方案

1. 认可等待时间的浪费。所谓等待即指上下游依赖而产生的等待，不良等待会产生极大的时间浪费，例如项目中产生的不合预期的等待会造成各种成本的增加。

2. 共识防拖公约。这种前期约定对后期出现类似问题时会产生巨大的帮助，这是项目执行过程中成员之间的约定，公约可以约束项目成员或各域成员之间的行为。

3. 增强内部驱动力。推进人要有责任感、主人翁意识、目标一致性理解，形成强大的内心驱动力也会促进事项的及时推进。

4. 履行推进职责。推进人要认识到自己的推进职责，推进上不能拖延，要起到应有的推进、提醒、帮扶职责，谨防拖沓现象的出现。

5. 坚定履行承诺。一诺千金，信守诺言，在任务认领前做好估算工作，给出合理的完成时间承诺，在履行过程中全力保障，遇风险及时同步变更，谨防一拖了之。

8.10 落地推进结果之品质保障

 问题场景

项目经理

各位都是从各团队抽调的精英，一起来交付这个项目，项目我已分解好，任务都发给各位了，开始干吧！

任务是收到了，但是我们还是迷茫啊。

项目成员

项目经理

任务上不是写得明明白白？

每个具体任务的完成时间也没有，上下游谁衔接也不知道，对完成结果的验收要求也不知道。

项目成员

项目经理

参考大的项目节奏吧，对于质量，我是相信大家的。

既然这样，那就走一步说一步吧。

项目成员

推进人

你这个任务的阶段性交付成果不及预期，我准备发到项目大群中，统晒一下。

你别，前期啥也没说，你现在晒结果，不是打我脸？

项目成员

🕐 问题剖析

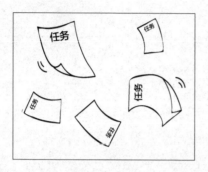

1. 项目成员是组队而来的，前期并不熟悉项目团队的任务推进规则，项目经理也没有明确宣讲，缺乏共识和规则认知。
2. 项目成员对任务的完成时间和标准有疑问，但未获得自己想要的答案，悬而未决，为后期任务无法准时、高品质完成埋下了隐患。
3. 推进人在检查时发现了任务结果存在质量瑕疵，想要通晒，但执行人不同意。这除了源于执行人在品质控制方面出现问题，还因为前期项目成员之间没有达成共识。

解决场景

项目经理

欢迎大家加入项目团队，项目任务我已拆解好，每个任务明确了完成时间和验收标准，大家可以认领一下。

好的。可否明确一下任务明细和项目之间的关系。

项目成员

项目经理

这个有的，请大家查看这个任务的父级任务，就可以看到了，任务间是层层拆解的树形关系。

哦，原来是折叠隐藏了，打开一看，果然结构层级很清晰。

项目成员

项目经理

辛苦大家准时、高品质完成任务，任务的完成结果我们通晒在项目大群，接受全员的监督。

好的，看来我要加强自测，不能丢脸啊。

项目成员

执行人

我的任务已经完成了，并且把完成结果回复到项目大群了。

我就是看到群里的回复才来找你的，任务完成的质量很高啊，点赞。

推进人

解决方案

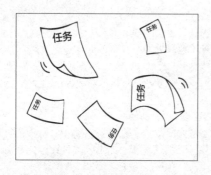

1. 执行前做好预防工作。多宣讲,从意识层面让项目全员认识到准时、高品质交付的重要性。在任务记录与推送时与执行人做好确认,制定相关的验收标准,并在后期按照验收标准的要求进行验收。

2. 执行中做好质量控制。提升执行者的责任意识和自查能力,比如,自己做完了自己检查一下,同时提高推进者的参与度,参与到任务的质量控制过程当中,帮助校验交付的结果,校验顺序为先校验有没有完成,再校验有没有高品质完成。

3. 执行后做好质量检查。建立回复机制,任务执行之后的结果回复到项目大群中,公示回复结果易产生压力,但也是提升品质的好方式,然后使用验收标准对任务交付的结果进行验收,最好由任务的诉求人进行验收。

8.11 落地推进结果之问答收录

 问题场景

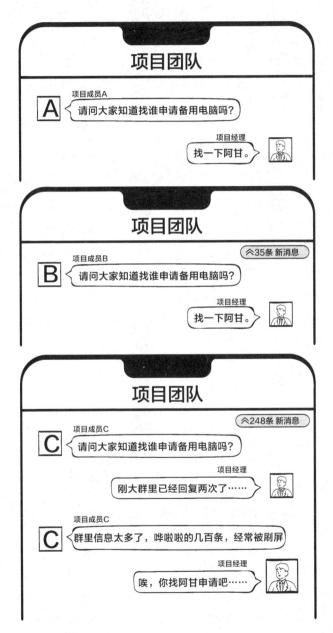

问题剖析

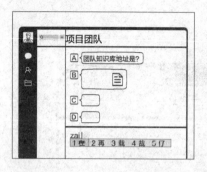
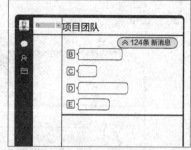
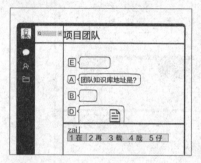
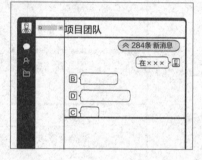
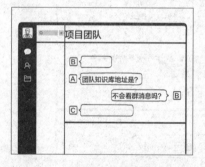

1. 一些项目上看似简单的问题经常被重复提及，虽有答案，但是并不是所有项目成员都知晓。

2. 项目团队内，除了一个项目大群外，还有很多的专题小群，群内的信息太多了，经常被刷屏，太多、太杂、太快。

3. 同一个问题，不同的人可能会问很多遍，因为信息被淹没，下一个人无法或根本不会查询上个人问了什么，因此会造成重复答疑，这就是浪费。

4. 群内消息庞杂而没有价值最大化，没有过滤、整理、沉淀有用的信息。

解决场景

解决方案

1. 认同问答汇聚、沉淀的价值。项目生命周期越长，执行问答收录策略的价值越大，不仅是知识收录，更可以实现问题追溯。

2. 选型并宣讲问答收录工具。首推在线项目管理软件，如果没有，可以使用低代码平台自己搭建一个，能做到结构化、问题快速检索即可。

3. 明确问答收录员。需要一个项目成员按计划时间，定时翻阅群消息，收录相关有价值的内容，做到专人专事，职责明确。

4. 定期同步收录的问答并促活。经常把收录问答结果在项目大群公示，让项目成员知道去哪里查问题和解决方案，从而提高问答知识库的访问量。

第9章 阶段复盘

任务复盘虽然是轻量级的，但是必须要做。

是的，还要掌握复盘的关键，规避复盘的误区。

你知道复盘的类型和角色吗？

我知道有个人复盘与集体复盘。复盘角色嘛，主要有组局人、讲述人、点评人、决策人4类。

很厉害嘛！你害怕复盘吗？

不仅不害怕，我还是复盘组局人呐，对复盘的步骤也是相当了解，哈哈。

厉害了，你们对复盘结果好的成员有奖励吗？

我们有复盘奖惩机制，并且分阶段奖和年度奖，现在运营得有声有色。

任务复盘是任务准时、高品质交付的保障之一，但是团队成员往往认为任务粒度过小，不需要复盘，忽视了复盘的重要性，即使有复盘，也没掌握复盘的关键，误入复盘的误区。同时因为复盘角色不明，无法有效地组织复盘，加上复盘步骤不清晰，复盘往往草草了事，走个过场，起不到改进提升的效果。还有，复盘缺乏有效的奖惩措施，没有配套的奖惩机制，不能有效激励先进、惩罚落后，后期改进效果往往大打折扣。

9.1　坚定任务复盘

问题场景

问题剖析

1. 狭义地理解了复盘的应用场景，认为复盘只适用于围棋中：棋手下完一盘棋之后，重新把过程走一遍，复盘不适用于任务场景。

2. 忽视了复盘的必要性，主观地认为任务太小，没必要复盘。实际是只看到任务的点状价值，而没有看到任务的面状价值。

3. 认为想复盘的人的目的不纯，不愿意反思和自我剖析，不愿意发现问题，更不愿意暴露问题。

4. 没有看到复盘的优势，没有认识到复盘后可以采取改进行动，避免犯同样的错误。

项目经理

大家觉得复盘除了用在围棋场景中，用在项目的任务场景如何？

项目成员

当然可以，有异曲同工之妙。

项目经理

其实，我们做任务复盘的目的还是很单纯的，大家不要多想。

项目成员

懂的，主要是反思和自我剖析。

项目经理

复盘的优势非常明显，通过简短的任务复盘可快速的找到问题，确定我们后续的改进行动，避免犯同样的错误。

执行人

是的，不能在同一条道路上踩进同一个坑里。

项目经理

因此，我们计划每周组织一次任务复盘，大家觉得我们复盘时要关注哪些点？

执行人

比如任务记录的准确性、任务推送的及时性、任务执行的效率、任务达成结果的品质、任务协作的流畅度等。

解决方案

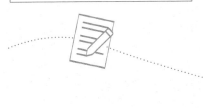

1. 正确认知复盘。复盘的关键在于保持一种成长思维，其核心价值在于巩固成功与改正错误，其目的就是让我们从行动中学到经验教训，并将其付诸后续的改进。
2. 洞悉复盘目的。全员正确认知复盘目的，复盘不是找茬，复盘是为了改进任务执行过程当中的问题，让后续任务执行得更加到位。
3. 认可复盘优势。复盘可以帮我们改进协作流程，还可以帮我们沉淀经验，还可以不断提升自己及关联项目成员的能力。
4. 坚定任务复盘。任务复盘具有节点多、频次快、量级轻的特点，要在项目全生命周期中阶段性地执行任务复盘，以提效提质，从而提高任务准时、高品质交付的概率。

9.2 掌握复盘关键

 问题场景

问题剖析

1. 未看到任务复盘的重要性与必须性。
2. 未设定合理的复盘时机，不了解任务如何做轻量级复盘，未掌握复盘的关键。
3. 未认识到任务没有准时、高品质完成可能带来的联动风险。
4. 对于目标与结果之间的偏差，没有做任何反思，也没有采取改进行动，后期同样的问题有可能重复发生。

解决场景

马上开会了，会前我们看一下任务的完成情况。

好的，情况我都了解，会前我们快速对焦一下。

这个任务为什么没有准时完成？

任务工作量估算时遗漏了联系调整的时间。

进度还能赶上来吗？

可以的，我们计划周末加班追赶进度。

后续有什么改进行动吗？

要提升工作量评估的准确性，同时设定一定的冗余时间。

解决方案

1. 重视任务复盘。不需要组织专门的任务复盘会，只需要在会前10分钟进行就可以，采取轻量级方式即可，但是要有复盘的动作。
2. 把握复盘时机。以第 N 次会议产生的任务为例，建议在第 N+1 次会议会前10分钟进行复盘。
3. 重视复盘结果。会上开始逐条比对完成情况，如果没有完成，要知晓其中的风险及对后续关联事项产生的影响并重新明确可以完成的时间。
4. 强化行动改进。如没有完成任务，想想是哪个地方做得不够好，然后改进。希望在第 N+1 次会议上产生的任务能在第 N+2 次会议会前复盘时准时、高品质完成。

9.3　规避复盘误区

 问题场景

⏰ 问题剖析

1. 复盘会变成了表演会，把简单的任务复盘进行过度包装，而没有认清复盘的本质是为了发现问题并优化改进。这样的会是为了复盘而复盘，不是为了改进提升而复盘。

2. 复盘会变成了批斗会，把工作当中的情绪带到了复盘现场，直接上来讲问题，而没有关注产生问题的可能性原因。多方在合作过程中可能发生了不愉快，正好借着各域领导都在会议现场，顺手"甩锅"。

解决场景

项目经理

每次项目周会前，我们花10分钟复盘一下上周任务的完成情况。

项目成员

好的。

项目经理

大家直接对着任务清单讲，不用准备PPT。

项目成员

高效。

执行人

我上周认领了3个任务，完成2个，1个有逾期风险。

项目经理

需要我做什么？

执行人

计划加班解决，避免逾期，谢谢。

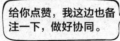

项目经理

给你点赞，我这边也备注一下，做好协同。

解决方案

1. 谨防复盘会变成表演会。项目全员需认识到，复盘不是作秀，而是找到目标与现实之间的差距，做到任务在线化，复盘时直接对着任务清单看结果，杜绝特意准备 PPT。
2. 谨防复盘会变成批斗会。严禁出现"甩锅"，把矛头对准一个人或一个角色的现象，持续引导项目全员学会互助与担当。

9.4　明确复盘类型

 问题场景

 你负责的任务已经连续几次出现逾期，要不要自己复盘找找改进点？

复盘不是团队一起做吗？我自己做有啥意义。

 你的这些任务主要与完成品质相关，经常返工，个人复盘可能更合适。

我不这么认为。

 集体复盘更关注流程衔接，打通协作堵点，你这也不是协作产生的问题啊。

自己复盘真没必要，不要自己卷自己，后面大家一起复盘吧。

 要不让项目经理和你一起以更全的视角来剖析一下为什么经常出现交付品质问题？

你这不是找事情嘛，都说后面大家一起复盘了。

问题剖析

1. 不了解自我复盘的价值。作为执行人，在一个任务完成后，没有反思，为什么我完成的任务品质那么差，经常要返工，为什么我和他无法沟通与合作。没有认识到自我复盘的及时性与灵活性，从而没有随时发现问题，随时改进提升。

2. 认为集体复盘是万能的。由自己引发的个人问题更适合个人复盘，集体复盘更适合流程性问题，如执行过程中的卡点。

3. 不接受他人复盘自己，认为是找事情。这其实是没有看到自我的局限性，不能看到一点对全线、全面的重要性，更不容易感知牵一发而动全身的连锁影响，往往因为个人的一点点失误而影响到团队。

解决场景

执行人

上周的任务完成品质不高，
我自己也复盘了一下。

推进人

你这觉悟可以啊，都会自我
进行个人复盘了。

执行人

是啊，集体复盘一周一次，我
这个人复盘随时可以进行。

推进人

是的，个人复盘更灵活。

执行人

再说了，我的任务出问题和
集体流程、协作也没关系，
主要还是个人原因。

推进人

有道理，要不要找项目经理
帮你一起复盘看看？

执行人

好注意，项目经理更资深，
也可以帮我看看为什么总是
考虑不全，出现品质问题。

推进人

好的，我也帮你和项目经理说
一下，看如何一起改进提升。

解决方案

1. 认可自我复盘价值。不论是作为任务的推进人还是执行人，都非常适合自己复盘自己，可以从推送、协同、推进、责任感等多维度自我剖析，找到"解法"。

2. 参与集体复盘。因为场景原因，团队成员都在，集体的智慧与共鸣，更容易发现流程性问题，如执行过程中的卡点，当着全员的面，对应卡点的干系人也可以更好地说明原因，疏通其中的卡点，减少私下的抱怨，当面解决问题，优化衔接流程，缓解团队协作过程中因细小问题而产生的些许紧张氛围。

3. 学会找他人复盘。这种复盘适合线下一对一单聊，尤其适用于项目经理对项目成员，项目经理会站在全局的视角看问题，这个视角是全域和全流程的，剖析得更全面。

9.5　定义复盘角色

问题场景

问题剖析

1. 组局人不明确。都不知道谁来组织任务复盘，更别提谁来发会议邀约，谁来主持。
2. 讲述人不明确。复盘时不知道是推进人统一来讲还是各任务负责人自己来讲，多数时间自己的任务只有自己说得最清楚。
3. 点评人不明确。诉求人作为点评人，都不知道自己要不要参会，更别提复盘时能不能得到客观的反馈和验证完成结果的真实性了。
4. 决策人不明确。项目决策人角色未知，只知道是领导，但是其是否参会，是否决策任务完成情况都不知道。

项目经理

这次项目周会前10分钟的任务复盘是你组织吗？

是的。

推进人

项目经理

那任务的进展谁讲？

我会讲下概览，具体任务的进展由各负责人自己讲。

推进人

项目经理

有些任务的诉求人不是项目成员，他们参加复盘吗？

参加的，他们是我们的核心干系人，我已经邀请他们了。

推进人

项目经理

好的，辛苦提前发我一下任务清单和完成情况，我提前看看。

好的，马上发送。

推进人

解决方案

1. 明确组局人。组局人除了负责把多方组织在一起，还负责会前的邀请、会议室的预定、议程的编制分发，在任务复盘开始后，还要担当主持人的角色，因此组局人是一个全局的协同角色，促成任务复盘的成功。
2. 明确讲述人。讲述人要坦诚地反馈其中哪些任务完成得比较好，哪些完成得不足，原因是什么，自己预计在什么时间完成，有回顾，有反思，有改进计划，有落地方案。
3. 明确点评人。点评人大部分人是诉求人，诉求的完成度如何，靠谱不靠谱，点评人都可以发表自己的看法。记住，点评是为了客观地表达自己的看法，是希望得到对方的进一步承诺和下次的积极响应，而不是为了消极抱怨。
4. 明确决策人。决策人要理性决策，强调项目目标及其重要性，平衡各方，鼓舞士气，驱动各方继续向前，从而驱动项目成功。

9.6　端正复盘心态

问题场景

问题剖析

1. 自暴自弃，不能正确地看待复盘，未发现复盘的积极价值，内心已经认定自己完成不了任务。
2. 无端引火他人，主动揭露他人问题，"我有问题，你也有问题"，这种心态不可取。
3. 抱有躺平、无所谓的心态别人在积极地准备复盘资料，自己根本不关心复盘，只负责上班签到，下班打卡，能干多少是多少。

解决场景

项目经理

复盘的价值大家都是认可的，所以我们更要保持正确的复盘心态。

还是要正确看待复盘，它确实对我们是有帮助的。

执行人D

推进人

你呢？现在还害怕任务复盘不？

感觉好多了，及时发现问题并寻求支持，我的任务准时、高品质完成的概率稳步提升，复盘更有信心了。

执行人A

推进人

其实有时发生风险，任务完不成也是客观原因造成的。

是的，原来自己心态也有问题，总喜欢找借口，后面要改进。

执行人B

推进人

是的，过激不好。不过，躺平也不好，是不是啊C？

本想与世无争，发现这样不好，还是要做项目中的积极一分子。

执行人C

解决方案

1. 普及复盘观念。有任务必复盘，定目标，追过程，拿结果，奖优罚劣，人人要参与复盘。
2. 端正复盘心态。不过激，不躺平，相信复盘的价值与帮扶作用。
3. 积极拥抱复盘。用一种求好、求变的心态，积极准备，认真应对，思考如何把任务执行得更好，如何通过简短复盘，发现并有针对性地解决任务执行和上下游依赖协作中遇到的问题，这是一种积极的心态，是我们值得拥有的心态。

9.7　执行复盘步骤

 问题场景

执行人

为了完成这个任务，我是没日没夜地加班。

知道你辛苦。你认领了多少个任务？完成情况如何？

项目经理

执行人

呃，周末都没有休息，想着如何用更创新的方案解决问题。

结果呢？完成了吗？

诉求人

执行人

虽然没有完成，但我们有努力，世事难料嘛。

但是结果不达目标，后续事项都受到影响。如何尽快推进啊？

诉求人

执行人

后面切回老方案咯，迂回前进嘛。

你当时采用新方案时就要做好调研与预判，现在返工，好浪费时间啊。

诉求人

问题剖析

1. 复盘陈述缺重点，任务复盘开始，个人简述环节，没有围绕复盘的核心内容展开，没有讲自己一共认领了多少任务，当前完成了多少，完成的品质如何，反而在讲执行过程细节。
2. 不重视任务初期设定的目标，也未按计划执行，在未经协商的情况下采用了自以为创新的方案，结果造成了逾期，任务没有按照计划完成。
3. 任务执行缺乏风险应对，对于可能出现的风险，没有制定有效的应对方案，执行过程中也没有合理评估，直到任务到期依然没有逾期风险应对方案，反而任其发生。

解决场景

推进人

任务复盘只讲3项：认领了多少，完成了多少，未完成的原因。

执行人

好的。

推进人

A，你先来吧。

执行人A

截至今天，主负责人是我的任务一共有3个，完成了3个，没有未完成的。

推进人

B，到你了。

执行人B

截至今天，主负责人是我的任务一共有5个，完成了4个，未完成1个。

项目经理

想过如何改进吗？后面计划如何做？

执行人B

主要是协作依赖的原因，后期计划加强自身的全栈能力，让自己一专多能。

解决方案

1. 明确复盘内容。复盘只围绕任务本身，只讲认领、完成、未完成3项结果数据，在没有问答的情况下，不要展开过多细节。

2. 重温原始目标。需要清晰地说出自己原定目标是在截止时间前要完成多少个任务，这是复盘的前提。

3. 正视任务现状。讲清楚任务完成的实际数据，实事求是，完成几个说几个，没有回复结果，没有单击"完成"按钮，就不算完成。

4. 量化目标差距。核算清楚目标与现状之间的差异，有多少没有完成，在时间允许的情况下，可以简述原因，但非必须。

5. 探寻补齐方案。想想如何使任务尽快完成，有什么改进策略，全盘的行动计划要不要调整。

6. 落实改进行动。改进方案要落实到行动，目标是提高后期任务准时、高品质完成的概率。

9.8　做好复盘奖惩

⏰ 问题剖析

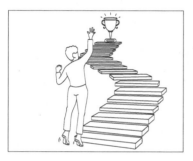

1. 缺乏奖惩机制。任务完成好的成员不能得到有效激励，任务完成不好的成员也没有得到应有的处罚，做好做坏都一样。
2. 奖励时效性不足。奖励严重滞后，缺乏应有的激励作用，没有激起执行人的斗志，执行人对获奖、积极改进更不感兴趣。
3. 缺乏物质奖励。如果只有精神奖励，不符合物质激励和精神激励相结合的原则，没有发挥物质激励的基础作用。
4. 奖惩评选缺乏公平性。奖惩评选未做到有效的公开，不够透明，也未说明评选原则，容易引起执行人的误解。

解决场景

项目经理：任务完成好的人有奖励，完成不好的人有惩罚。

执行人：可以的，奖优罚劣。

项目经理：评选规则已发各位，咱们每两周评选一次，及时奖励，任务完成好的人我请他喝咖啡。

执行人：可不可以选奶茶，哈哈。

项目经理：可以选奶茶，我再给他发个大红花。

执行人：物质、精神双丰收啊。

项目经理：当然我们还有年度"任务王"大奖，与升职加薪强相关哦。

执行人：哇，冲了。

1. 遵循奖励关联理论。奖励关联理论包括马斯洛需要层次论、双因素理论、期望理论、公平理论、X理论-Y理论。

2. 默守奖励核心原则。要及时奖励，把物质奖励与精神奖励相结合，把正向激励与负向激励相结合。

3. 设定任务专属奖项。奖项可大可小，但要实用好用，起到有效的激励作用，贵不一定好，但要投其所好，引起成员兴趣，每个人都可以奖励得不一样。

4. 做好阶段性奖项激励。短期奖励与长期奖励相结合，如两周奖励一次更有时效性、更及时，年度奖励更大、更震撼，对个人来说价值更大。要按时间梯度设定奖励，并合理引导成员获取。

附录　趣味任务卡牌游戏

游戏名称　组对

现实抽象

看完本书，我们知道任务由 3 个元素组成，分别是事、人、时间，事分成事件索引和事件主干，人分为 8 种类型，时间分为 4 种类型，从理论上我们可能已经明确了任务的组成，再加上我们学习的 5 个保障，似乎为任务的准时、高品质落地提供了靠谱的保障。但是有一个问题我们可能会问自己，理论我们知道了，案例我们也看了，但是具体真的如何做，我们还不知道。看只是看，但是我们没有真正地演练过，如果能把我们在本书中学习到的理论知识，通过卡牌游戏的形式演练一遍，会不会更好？这样会更有体验感，理解会更加深刻，后期运用本书的方法论也会更加顺手。结合我以前的游戏化思维框架，沉淀出这个"组对"趣味任务卡牌游戏，希望读者在学完理论后，可以动动手，进行沉浸式的体验和愉快的玩耍，有学、有玩儿、有用、有感悟，这才是游戏化思维的学习方式。

关键挑战

趣味任务卡牌游戏如果是团队一起玩儿可能会更有意思，因为这样会有互动、交流、碰撞、切磋，体验会更加深刻。但考虑到读者的个体特性，除非本书用于团队培训，大多数情况下本书为一个人阅读服务，此部分的趣味性可能会受限。希望本书的读者可以突破这种困境，以自我教练、自我引导、自我驱动的方式试玩儿这个游戏，看是否可以在不看书稿的情况下，找出样例任务的不当之处，提出自己的任务改进建议，并可以通过卡牌把一个个零散的任务元素组对。

魅力指数　★ ★ ★ ★ ★

游戏玩家　个人、团队

适用人数　不限

游戏时长　60 分钟

所需物料　趣味卡牌（书后有，可裁剪）

游戏场景　室内培训

游戏目标

1. 基于 Action35 模型中的 3 个元素、5 个保障这 8 个关键，判断日常任务的不当之处，并提出自己的改进建议。

2. 学会编写一个符合的 8 个关键 Action35 模型规范的任务。

游戏规则

1. 以 Action35 模型为理论基础，所有判断与实践符合 Action35 模型的理论规范。

2. 最快完成任务元素排序、组对的团队得 5 分。

3. 每一个任务 1 分，分组抢答进行问题诊断，答对一个得 1 分。

4. 游戏分输赢，综合得分最多的团队获胜。

游戏的交互性

以项目成员组团玩儿这个游戏为例，游戏中有一个引导师的存在，这个引导师可以是 PM（project manager，项目经理），也可以是 PMO（project management office，项目管理办公室），是对 Action35 模型比较熟悉的人，引导团队成员熟悉 Action35 模型的 3 个元素和 5 个保障，团队成员在频繁的沟通交流中，发表自己的意见，给出各组成部分应该如何组对的方案，充分协商后达成一致建议。

游戏步骤

1. 游戏规则讲解。

2. 分组。

3. 明确任务的事元素。

4. 明确任务的人元素。

5. 明确任务的时间元素。

6. 明确任务的事件索引。

7. 明确任务的 5 个保障。

8. 限时进行任务元素组对。

9. 样例任务问题诊断与抢答。

10. 公布得分并总结。

可能的变化

本游戏的主要变化点在于玩儿的人数，就是区分一个人的玩儿法和多人的玩儿法。一个人的娱乐性可能不足，此时游戏更偏向课后练习。多人玩儿如果再加上引导师的存在，就会有互动，有分组比赛的氛围，会有意思很多。

情绪化反应

一个人练习可能会比较平淡，多人一起练习，因为有分组，有时间限制，就会有争论和竞争，气场氛围完全不同。引导非常重要，它决定着参与游戏的团队成员的投入度、专注度。为了说明自己对任务元素的排序是对的，在多方表达自己观点时，可能会从平淡转为激动，会非常有意思。

量化结果

这个游戏分输赢。总分 15 分：元素"组对"5 分；10 个样例任务各 1 分，总分 10 分。综合得分最多的团队获胜。

引导问题

1. 任务的 3 个元素是什么？
2. 任务的 5 个保障是什么？
3. 任务的事件索引排序是什么？
4. 你觉得任务适用于哪些领域？
5. 你觉得任务可以在哪些方面帮助到你？

经验与教训

这个游戏不仅仅是一个个人练习，也不单单是手动排个序，关键在于想清楚：为什么会这样排序？为什么会由这些元素组成？多一个可不可以，少一个又可不可以？为什么是 3 个元素，5 个保障？在玩儿的过程中，在争论或讨论的过程中要想清楚原因。吃透，它才能转变为你的感悟和成长，这才是收获。特别是当团队一起玩儿时，如果有引导师的存在，更应该向探索、竞争、互动方面引导，增加游戏的趣味性与竞争性，这样才能从另一个层面提高团队成员的投入度与专注度，沉浸在游戏当中，就像自己在发明一个理论一样，并认识到 Action35 模型的作用，在以后的工作和实操过程当中也可以更好地使用它。

实践记录

趣味卡牌（可裁剪）

事件 8 张

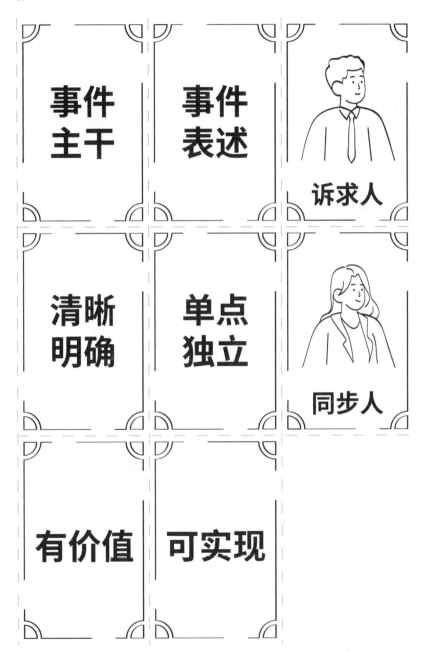

事件主干

事件表述

诉求人

清晰明确

单点独立

同步人

有价值

可实现

人员 8 张

诉求人　　同步人　　产生人

执行人　　记录人　　推送人

推进人　　参与人

时间 4 张

事件索引 6 张

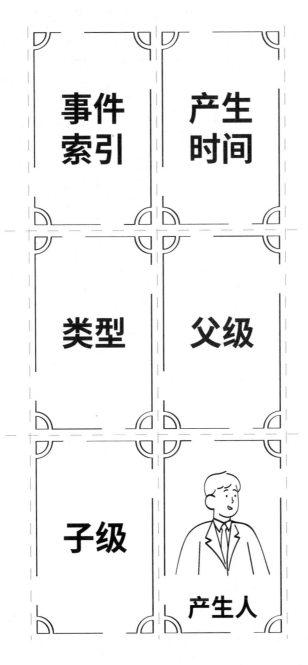

事件
索引

产生
时间

类型

父级

子级

产生人

价值牵引

双向保障

机制推送

规则推进

阶段复盘

样例任务 10 张

例1:
面单模板定制需要确认3.15@Sandy@Tim@Lucy

例2:
数据统计：数据大屏301

例3:
保税和免税备案的字段，同步到Tony

例4:
Sandy把SOP和需求清单提供给Simon

例5:
各个仓资源代码申请@Mike

例6:
结算同学要一起确认SOP方案/衣衣和Lucy1211@清清@Lucy

例7:

系统PRD再次评审与细节对焦周六@All

例8:

Big牵头准备所有域测试数据（账号、资源编码、线路等）1218@Big

例9:

针对包裹投诉风险，建立监控预警体系、系统、机制0207@James@David@Andy

例10:

0110版本UAT完成@Susan